岡山文庫
332

由加の民間信仰

福本　明　　吉原　睦

日本文教出版株式会社

岡山文庫・刊行のことば

岡山県は古く大和や北九州とともに、吉備の国として2千年の歴史をもち、遠くはるかな歴史の曙から、私たちの祖先の奮励とそして私たちの努力とによって、現在の強力な産業県へと飛躍的な発展を遂げております。

小社は創立15周年にあたる昭和38年、このような歴史と発展をもつ古くして新しい岡山県のすべてを、〝岡山文庫〟(会員頒布)として逐次刊行する企画を樹て、翌39年から刊行を開始いたしました。

以来、県内各方面の学究、実践活動家の協力を得て、岡山県の自然と文化のあらゆる分野の様々な主題と取り組んで刊行を進めております。

郷土生活の裡に営々と築かれた文化は、近年、急速な近代化の波をうけて変貌を余儀なくされていますが、このような時代であればこそ、私たちは郷土認識の確かな視座が必要なのだと思います。

岡山文庫は、各巻ではテーマ別、全巻を通すと、壮大な岡山県のすべてにわたる百科事典の構想をもち、その約50%を写真と図版にあてるよう留意し、岡山県の全体像を立体的にとらえる、ユニークな郷土事典をめざしています。

岡山県人のみならず、地方文化に興味をお寄せの方々の良き伴侶とならんことを請い願う次第です。

はじめに

江戸時代には旅のことを「道中」といった。旅はまさに目的地までの往きかえりの道の中そのものということであろう。当時の旅人にとっては、旅は目的地へ行くことだけでなく、それまでの道のりをも楽しんだということをあらわしているのかも知れない。ただ、江戸時代には武士から庶民に至るまでその領国から外へ出ることは厳しく制限されていた。その中でかろうじて例外として認められたのが信仰を目的とする寺社への参拝と、療養のための湯治であった。

江戸時代も文化文政の頃になると、庶民たちは寺社への参詣を名目にして盛んに旅に出るようになるが、実際には道中にある各地の名所や旧跡をめぐるいわゆる物見遊山の旅を謳歌していたようである。当時の寺社参拝の目的地としてお伊勢参りが流行する中、金毘羅参りも盛んに行われていた。中でもここでみる瑜伽大権現への参詣は、金毘羅参りの道中に立ち寄る場所として人気があったようである。

以前、共著者の吉原睦氏とともに、いくつもある瑜伽大権現への参道をそれぞれたどりながら調査したことがあった。その中でも、田の口の湊から瑜伽へ向かういわゆる南参道は、金毘羅などからの船路で田の口湊に着いた旅人が利用した道で、湊から続く丁石をたどりながら坂道を上り、眼下に広がる穏やかな瀬戸内海の風景を味わいつつ、門前の町並みへとたどり着くというもので、しばし往時の旅人の気分に浸ったことを覚えている。

本書に紹介されている江戸後期から明治にかけての数々の道中記にみられるように、瑜伽の門前に連なる道の両側には五、六十軒もの茶屋や宿屋が軒を並べ、たいそうな賑わいであったという。ここでみる民間の信仰とはこうした瑜伽への道中のすべてを含んだものである。道中記から往時の瑜伽道中の賑わいに思いをめぐらせ、庶民の信仰の姿を垣間見ていただくことができれば幸いである。

令和5年6月吉日

福本　明

目次

表紙／現在の門前町を眺める
扉／恩人に成り代わって仇討ちに加わり、
恩に報いる瑜伽大権現神使の狐
（国立国会図書館デジタルコレクション
『男結花縁起』より）

一　聖地・瑜伽山

〈執筆〉

（1）、（2）……………福本　明

（3）……………………吉原　睦

〈地図〉…………………福本　明

（1）いにしえの瑜伽～古代の児島と由加山～

瑜伽山は、児島のほぼ中央、標高280メートルほどの山中にある。児島は、現在の行政区分でみると、西半分が倉敷市、東半分は玉野市と岡山市というように分けられているが、古くは備前国に含まれ、その名が示すとおりひとつの島であった。

「児島」の名前が記録として最初に出てくるのは、記紀の国生みの説話においてである。『古事記』においては、大八島《おおやしま》を生んだあとに「吉備児島」を生み、続いて小豆島を生んだとある。一方、『日本書紀』では、大八洲国《おおやしまのくに》のひとつとして本州・四国・九州などとともに、その最後に「吉備子洲《きびのこじま》」が生まれたとされている。このように、古代、少なくとも記紀が編纂された8世紀前半頃、吉備の児島の存在は、中央の歴史書にも記録されるような重要な位置を占める島であったということは明らかで、『日本書紀』の欽明紀にみえる「児島屯倉《こじまのみやけ》」の存在とともに注目すべきことである。

児島と瑜伽山の位置図（国土地理院 20 万分の 1 地勢図『岡山及丸亀』を加工して作成）

屯倉とは、大王家の直轄の領地のことを指すが、『日本書紀』には、欽明天皇17年（５５６）７月の条に備前児嶋郡におかれた屯倉の経営に当たるために中央から派遣される官職である田令《たつかい》に葛城山田直瑞子《かつらぎのやまだのあたいみずこ》が任命されたという記事が見られる。こうした吉備における屯倉の設置は、大和政権が吉備勢力の支配下にある児島に楔を打ち込み、切り崩しを狙ったものであるとされている。瀬戸内海航路の拠点として、政治的、軍事的にも重要な児島の地をおさえるという意味あいがあったものと思われる。

『備陽国誌』によれば、瑜伽山蓮台寺は奈良時代の天平5年（７３３）、行基により開基されたことになっている。先にみたように、中央の政権にとって重要な位置を占めていたと思われる児島の地に、瑜伽信仰がもたらされたということの意味を改めて考えてみる必要があるだろう。

さて、こうした文献を中心とした見方とは別に、古代の児島を考古学的にみるとどうであろう。次に、児島に残されている多くの古代遺跡からその歴史を振り返ってみよう。

考古資料では、児島の歴史は今から約2万年前の旧石器時代までさかのぼる。旧石器時代は、氷河期の最後にあたる時期で、年間の平均気温が現在よりも7度あまりも低かったといわれている。このため、地球規模で海水面が下がり、現在の瀬戸内海は広大な草原であったと考えられている。この時期の遺跡は、こうした草原であった瀬戸内沿岸部や島嶼部に多く残されており、中でも名勝としても有名な鷲羽山は、西日本ではじめて旧石器時代の遺跡の存在が確認された遺跡として、考古学史上でも重要な遺跡となっている。そのほかにも、児島周辺では、王子が岳や宮田山、竪場島、釜島などで多くの旧石器時代の遺跡がみられ、由加山の頂上にある妙見山遺跡からも同時代の石器が発見されている。

今から1万年前頃になると、最終氷期が終わり、地球は次第に温暖化していった。このため、海水面が上昇し、縄文時代前期（今から約6千年前）にそのピークを迎えたといわれている。この頃には、海水面は現在よりも3～5メートルほども高くなり、児島の北側に広がる岡山市や倉敷市の沖積平野のほとんどは遠浅の海となり、児島は文字どおり瀬戸内に浮かぶ島となったのである。

こうした児島の北側に広がっていた入海の沿岸部は、当時の人々にとって大変に暮らしやすい環境であったようである。とくに児島の北岸沿いには福田貝塚や船元貝塚・磯の森貝塚・舟津原貝塚・彦崎貝塚など、多くの貝塚が形成されており、西日本の中で最も縄文貝塚の密集した地域となっている。これらの貝塚は、いずれも中部瀬戸内を代表する貝塚となっており、縄文時代の各時期の基準となる標識土器の出土する遺跡として注目されている。

弥生時代の児島では、瀬戸内海に浮かぶ島ならではの特徴をもった遺跡がいくつも見られる。その中でまずあげられるのが、海岸沿いに残されている製塩遺跡である。この当時の製塩の方法は、海水を土器に入れて煮つめ、結晶させて取るという方法で、遺跡からは煮つめる時に破損した大量の土器が出土するのが特徴となっている。この方法による製塩は、弥生時代中期後半頃（今から2千年ほど前）からはじめられたとされる。現在判明する限り、児島味野城にある仁伍遺跡と上の町の池尻遺跡が、西日本における製塩遺跡としては最も古いもので、まさに塩づくりの起源は、児島の地にあるということができるのである。

弥生時代以降も塩作りに適した温暖な気候に恵まれた児島では、引き続き盛んに製塩が営まれ、塩生遺跡や通生遺跡をはじめ、濟戸遺跡、大浜遺跡、阿津走出遺跡など児島の海岸沿いの砂浜の多くで製塩が営まれていた。児島の塩は、イカナゴ、綿と並んで児島三白のひとつにあげられ、児島の名産品となっている。こうした児島における塩作りのルーツは、弥生時代まで遡ることができるのである。

また、児島における弥生時代の特徴的な遺跡として注目されるものに、弥生時代中期の高地性集落とよばれる遺跡がある。岡山市南区と玉野市にまたがる標高288メートルの貝殻山山頂にある貝殻山遺跡と倉敷市粒江の標高258メートルの種松山山頂にある種松山遺跡がそれである。いずれも人が生活するのに適さないと思われる山頂付近にあるが、貝殻山遺跡ではその名がしめすように貝塚を伴っており、種松山遺跡でも少し離れた場所に真菰谷貝塚がある。こうしたことから長期間にわたって人が住んでいたことは明らかで、見張り台や狼煙台、あるいは山城のような軍事的な性格の強い集落ではなかったかとみられている。貝殻山と種松山は、それぞれ児島の東端と西端に位置しており、本土側に向かっての眺望が非常によいところであるという立地から考えると、瀬戸内海の航路から吉備の穴海に入ってくる船を監視するような機能をもった集落であったことが考えられるのである。

そのほか、児島における弥生時代の遺物として忘れてはならないものに青銅器がある。現在までに児島から出土した青銅器としては、銅剣が由加から5本と岡山市飽浦から3本出土しており、種松山からは銅鐸が1口、広江からは銅戈の破片が1片出土している。また、前山や向木見などの遺跡から銅鏃も発見されており、ひとつの島としてというだけでなく、岡山県内でもとくに青銅器が集中して発見されている地域であるということができる。

このうち、とくに銅剣について見ると、岡山県内で見つかっている5遺跡、

11本のうち岡山市南方の墓から出土した鋒部の小片2点を除くと、県内出土の9本のうち、実に8本までが児島からの出土となっている。銅剣や銅矛などの青銅の武器形祭器は、弥生時代において海上交通の安全祈願をするため使用されたという見方もあり、瀬戸内海に浮かぶ海上交通の要衝である児島で、このように多くの銅剣が出土することは、注目すべきことであろう。

次に、由加山から出土した弥生時代の銅剣について、もう少し詳しくみてみよう。この銅剣が発見されたのは、終戦前後の頃とされており、出土場所は、現在でははっきりとは特定はできないものの、由加山の頂上から少し北へ下った東向きの斜面であったといわれている。炭焼きの窯を作る際に偶然に発見され、見つかった時には、全部で5本あったとされている。このうち、1本は現在所在不明となっており、残された4本のうち、2本が蓮台寺に、残り1本ずつがそれぞれ倉敷考古館と玉野市の個人で所蔵されている。出土した銅剣には、瀬戸内沿岸地方独特の平形銅剣と呼ばれる形式のものが2本含まれている。このうち個人蔵の銅剣は、現存長45・9センチ、幅10・3セン

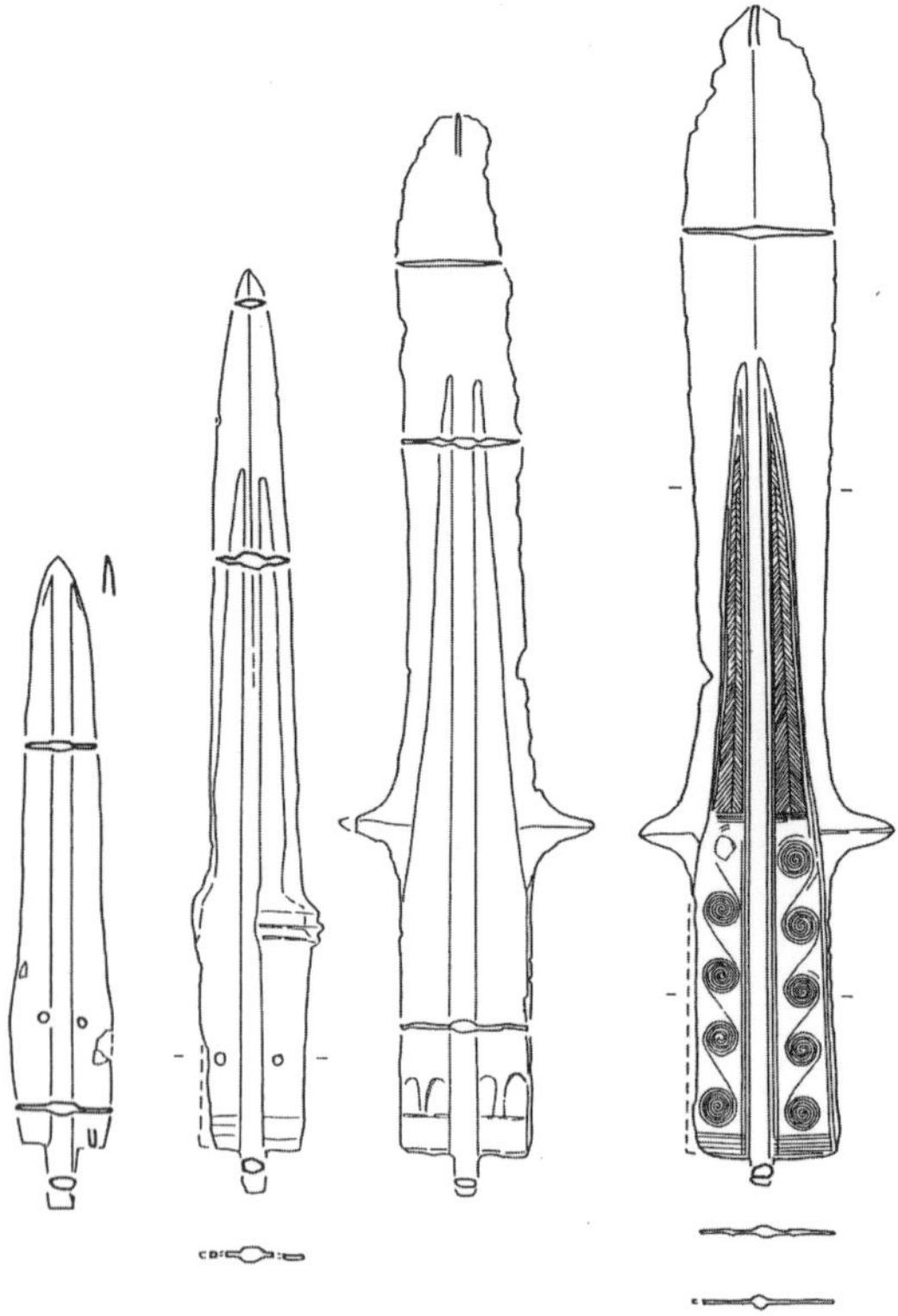

由加山出土銅剣（『新修倉敷市史 1 考古』倉敷市 1996 p.646 図 342 由加山出土銅剣の図を転載）

チ、厚さ約0・5センチの比較的大振りのもので、関《まち》にあたる部分は、連続渦文と綾杉文で飾られている。連続渦文は、通常銅鐸によく見られる文様で、銅鐸と銅剣の両方が分布している地域ならではの特徴として、銅鐸との深い関係が注目される資料となっている。

古墳時代の児島では、沿岸での製塩遺跡が一層の広がりをみせる。この時代の児島の海岸線沿いでは、砂浜をもつ海岸のほとんどで塩作りが行われていたのではないかと思われるほどの数の製塩遺跡が残されている。また、こうした製塩遺跡の背後にある山には、必ずといってよいほど横穴式石室をもつ古墳が存在している。これらの古墳は、古墳時代後期のもので、それぞれの浜で、製塩を中心に、海に関係する人々をまとめていたような人物が葬られているものとされている。こうした横穴式石室をもつ古墳の中でも、児島の北東部の海岸沿い、岡山市北浦の台地の上にあった八幡大塚古墳は注目される存在である。この古墳は、昭和41年（1966）にほとんど調査もされないままに破壊された古墳であるが、大きな横穴式石室の中に朱に塗られた家形石棺をもち、金製の垂飾付耳飾や馬具、武器など大量の副葬品が納められており、児島の古墳の中でも傑出した存在となっている。八幡大塚古墳の西方には、郡《こおり》という地名が残されている。この地に律令制下の役所である児島郡衙《ぐんが》がおかれていたのではないかとする見方もあり、八幡大塚古墳の存在とあわせ、古墳時代から奈良時代にかけて、この地域が児島の中心地であったことを示している。

このほか、児島の西部、郷内地区の山あいには、古墳時代末から奈良時代にかけて操業された須恵器の窯跡が残されている。これらは、児島古窯跡群とよばれ、現在10基ほどの窯跡が残されている。

(2) 由加の鬼退治伝説

由加には、鬼退治にまつわる伝説が残されている。ここでは先ず、『児島風土記』に載せられている角田直一の「由加の鬼退治」からそのあらすじをみてみよう。

「瑜伽山縁起」によれば、平安時代の延暦年間のこと、児島の由加山に悪鬼が住んでおり、人々を苦しめていたという。このことが、都の桓武帝の耳に入り、帝は鬼を征伐するために征夷大将軍である坂上田村麻呂を差し向けた。

将軍が由加山に向け、児島に上陸したのは、通生の浜であったという。ここは船がつきやすく、港を一望できる丘の上には神宮寺八幡院（真言宗通生山般若院）があった。将軍は、この社に籠って七日七夜にわたり悪鬼調伏の祈願を行ったのち、竜王山を越えて由加山に向かった。

途中、将軍は神宮寺八幡院の加護を受けながら進んで行く。将軍一行が、とある谷間に入って冷水を浴びると、それがたちまち湯に変わったという。この場所が児島通生にある湯屋谷で、現在は観音堂が建てられ、十三仏の石仏が祀られている。また、一行が竜王山の南麓の深い森に分け入り、空腹をかかえて小休止していると、異相をした老人が現れ、食べ物を出してくれた。

将軍が箸を納めたところというので、ここを「箸置の宮」といい、現在児島赤崎にある「八社宮」の小祠がこれにあたる。

一行は、ようやく竜王山の東麓に到着する。ここは森が開け、海水が足を洗い、目指す由加山が彼方に浮かんでいた。一行がここに留まっていると、再び先ほどの老人が現れ、将軍に霊酒を授けた。老人は「これなる酒は人が飲めば薬となり、鬼が飲めば毒になるぞ」といいそえた。この霊酒を授かった場所に「銚子の宮」という祠があり、現在は児島味野本村の「今宮明神宮」と呼ばれている。

ほどなく一行は、由加山に達し、いよいよ悪鬼との戦いがはじまる。鬼の頭目は阿久良王《あくらおう》といい、妻の鬼と東郷太郎、加茂二郎、稗田三郎という3人の子どもの鬼をつれていた。

将軍は、最初に現れた稗田三郎を降伏させ、三郎の案内で鬼の住まいに近づいたところ、女鬼が酒を飲んでいた。将軍は、霊酒を女鬼に飲ませ、寝入ったところを斬りつけて退治した。

これを知った阿久良王と子の2人の鬼は、由加山の妙見山を本拠として、立ち向かってきた。戦いは七日七夜続いた。鬼が霧と散り、霞と消える変幻自在の妖術を使えば、将軍は本荘八幡宮や瑜伽大権現のご加護を得て、ついに鬼を討ち取ることができた。将軍は、鬼の頭を銅器に納め、由加山の西方の岩窟に埋めた。ところが、鬼の魂はたちまち75匹の白狐に変じて、「今までの罪滅ぼしに、これからは瑜伽大権現の使隷となって、衆民を助けよう」といった。

今でも由加山の山村に方墳があって、「鬼塚」と呼ばれている。また、妙見山は鬼の住家、由加山の南には女鬼が化粧をしたという化粧嶋や鏡池があり、さらに鬼が稚児に化けたという稚児の池は、小字として琴浦北小学校の東運動場辺りに残されている。

この縁故で、朝廷は将軍に命じて由加山に伽藍を造営し、朝廷の勅願所にしたと伝えられている。後に、瑜伽大権現が五穀豊穣、商売繁盛の霊地として栄えるのは、この白狐伝説にあずかるところが多い。また、宝暦12年

75匹の白狐のレリーフ（由加神社）

（1762）10月18日、岡山藩主池田継政が参拝の時、狩野探幽筆の白狐図を寄進したのもこうした理由によるものである。

以上が、由加の鬼退治伝説のあらすじである。角田は、さらに由加の鬼は土地の豪族の謀反か、あるいは非業の運命を辿った貴人のなれのはてかも知れないとし、『東備郡村誌』や『備陽国誌』などを引用して、鬼とは桓武天皇の皇弟早良《さわら》太子とする説を紹介している。

なお、この伝説の中に出てくる由加山周辺の場所のうち、鬼を討ち取り銅器に納め、由加山西方の岩窟に埋めたとされる「鬼塚」については、香川県立図書館蔵『金毘羅参詣名所図会』の中に「鬼墳《おにづか》」として載せられており（暁鐘成　１９９８　臨川書店〔版本地誌大系19〕67頁などもある）、当時から注目されていたことがわかる。

名所図会の「瑜伽山蓮臺寺」の絵図をみると、多宝塔から下った経ノ尾《きょうのお》のさらに下あたりに「鬼墳」と書かれた場所が描かれている。経ノ尾は蓮台寺の東方にあって、行基菩薩が大般若六百巻を書写し、埋めた所という注釈がみえ、鬼墳については、「経の尾の傍にあり　鬼の首を銅器に納め埋めし所也とぞ　世に瑜伽の鬼塚とて其名高し」とある（暁鐘成　１９９８　臨川書店〔版本地誌大系19〕66頁）。

この場所については、現在ではははっきりとはしないが、由加山の東にある妙見山の南東斜面の山林の中に積石遺構が確認されており、これが鬼塚にあたるのではないかという見方がある。この積石遺構については、詳しい調査が行われた記録はないが、現地でみると、やや浅い谷の中に上下に3基が並

『金毘羅参詣名所図会 1』瑜伽山蓮臺寺　其二
（香川県立図書館蔵）

鬼塚位置図（国土地理院２万５千分の１地形図『茶屋町』『下津井』を加工して作成）

んで残されていることがわかる。このうち最も下のものは大きく崩れており、元の形ははっきりしないが、上方の2基については、10〜30センチほどの角礫を方形に積み上げた痕跡が残っている。積石遺構の大きさは、上方のものが基底部で8×6・5メートル、高さは1メートルを測り、下方のものは少し小さく、4メートル四方ほどの大きさで、高さは50センチ程度となっている。
しかしながら、2基とも中央部に大きな盗掘の穴が掘られており、内部にど

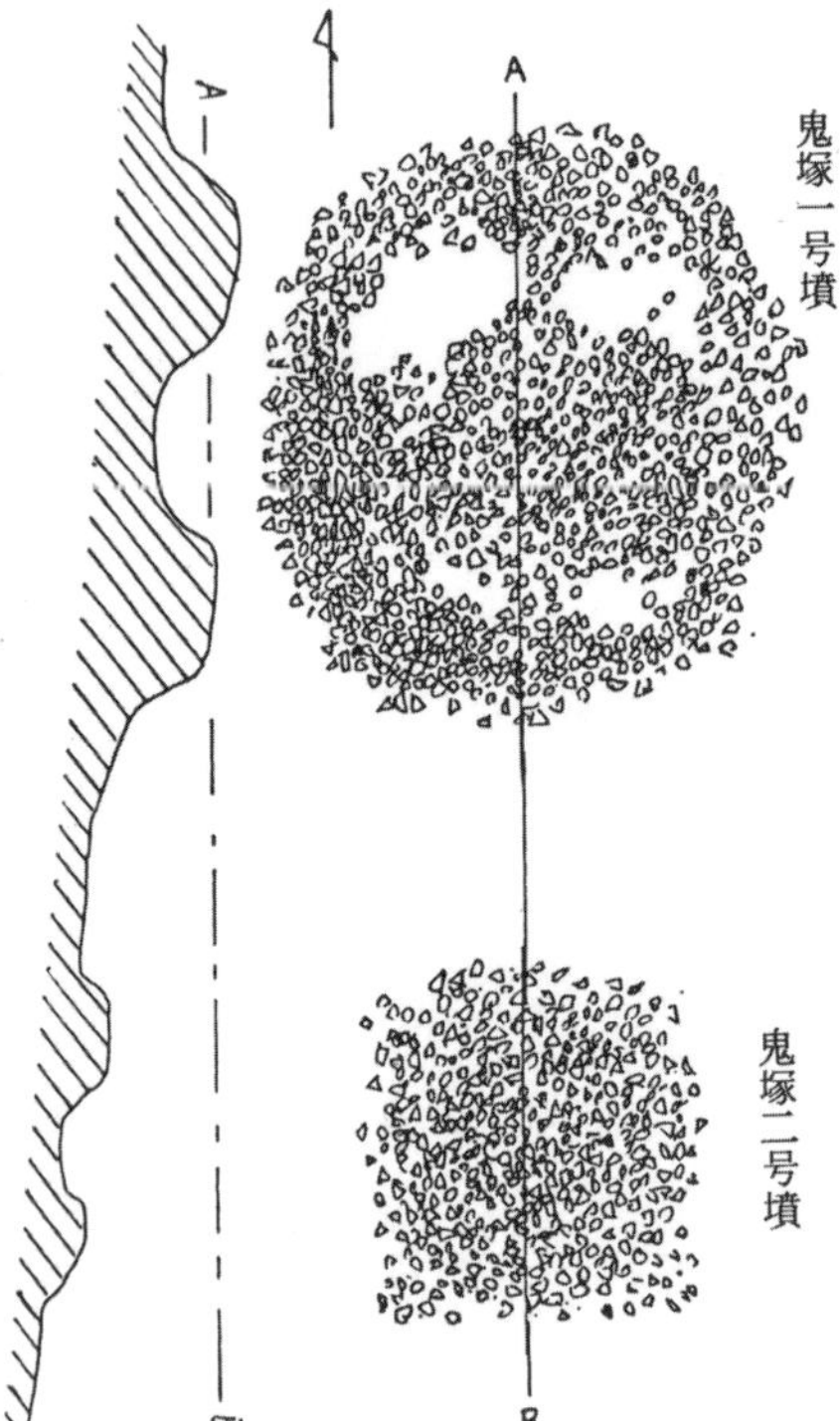

鬼塚と伝えられている積み石の遺構（『岡山県文化財総合調査報告 26 －倉敷市－』岡山県教育委員会 1989　p.76 鬼塚の図を転載）

鬼塚（古由加積石群１号）

鬼塚（古由加積石群２号）

のようなものが埋められていたかは、不明である。他の遺構の例などからみると、こうした積石遺構は、経塚としてつくられる場合もあり、行基菩薩が大般若六百巻を書写し、埋めた所とされる「経ノ尾」との関連も注目されるところである。

（3）瑜伽大権現の起源と推移

瑜伽山が聖地として発展し、全国から参拝者を集めるようになったのは、江戸時代以降のことである。しかしながら瑜伽山信仰には、もっと古くからの歴史がある。『備陽国誌』では、民間布教や社会事業に尽力したことで知られる奈良時代の高僧・行基（668〜749）が、天平年間（729〜749）に瑜伽山蓮台寺を開いたとある。蓮台寺の縁起書でも、行基が天平5年（733）に開山したとされている。行基は児島を行脚している途中、

行基菩薩像（国立国会図書館デジタルライブラリーより。原本は、東京美術学校（編）1934『南都十六寺大鏡　第二十二輯　唐招提寺大鏡　第二』大塚巧芸社）

茅屋に宿泊した。その折り、行基の枕元に地主神の彦狭知命が出現し、児島の中央に霊地があり、三密瑜伽の行をするとともに、自分を瑜伽大権現として祀るように告げた。この霊夢により、行基は瑜伽の霊地を探し当て、大般若経を書き写して埋めた。そして、その地を経尾《きようのお》と呼んで寺院（経尾山瑜伽寺摩尼珠院）を建て、阿弥陀・薬師を彫って守護とした。さらに、その鎮守として瑜伽大権現を建立した。後日、行基はこの山の西方に、不思議な光を発する香木を発見する。この木を使って自ら十一面観音を彫り、一山の守り本尊とした。これが、蓮台寺に秘仏として伝わっている本尊・観世音菩薩像であるという。他方、天台宗金山寺（岡山市北区金山寺）に伝わる古文書「金山寺文書」では、奈良時代の宗教者・報恩大師による開基とされている。他にも、倉敷市林の新熊野山五流山伏に関する伝記「新熊野権現御伝記」や「長床縁由興廃伝」では、天平宝字5年（761）に五流の修験者たちが児島郡山村に社を建てて本地仏観音を安置し、新熊野山瑜伽寺と号したとされている。ちなみに、瑜伽寺を那智に、阿弥陀を安置する新熊野権現（倉敷市林）を本宮に、薬師を祀る諸興寺（倉敷市木見）を新宮に、それぞれ見立てて熊野三山としたという。『吉備温故秘録』をひもとくと、平安時代、武将・公卿で征夷大将軍として著名な坂上田村麻呂（758〜811）が、瑜伽権現の助けを借りて児島に住む鬼神を退治したという。この時、鬼の魂は75匹の神狐と化し、埋葬された遺骸の上に三社権現がつくられたらしい。そして、古くから存在するこの三社権現は、

坂上田村麻呂挿絵〔国立国会図書館デジタルライブラリーより。原本は、山岸外史 1943『日本武尊』（少国民版）開発社〕

その堂が新熊野那智山に見立てられ、寺には不動明王が祀られ、その使者である75匹の狐とともに霊験あらたかなものであったそうである。このように、いずれにしても聖地としての瑜伽山の歴史は、８世紀まで遡るものと伝えられてきた。

後宇多天皇の弘安元年（１２７８）と、後伏見天皇の正安元年（１２９９）には、天皇から領地を賜り、歴代の祈願所になったという。民俗学者の宮本常一は、南北朝期（14世紀）には海路で西に広まっていったであろう熊野信仰のひとつとして瑜伽山に触れ、今熊野と呼ばれて瀬戸内随一の熊野信仰の聖地であったと述べている。ところが、南北朝の戦乱によって、瑜伽寺は荒廃の憂き目にあったとされる。この状況を打破し、瑜伽山を再興したのが僧・増吽《ぞううん》（1366～伝1449）であった。彼は讃岐・大内郡西村（香川県東かがわ市西村）に生まれ、高野山で真言を極めるとともに、仏画や彫刻などの分野で天才的な才能を発揮した人物である。弘法大師の再来か、とまでいわれた増吽は熱烈な熊野信者でもあったらしいが、彼が復興させた瑜伽山は、どうもこの頃から熊野信仰よりも真言宗との結びつきを強めていったようである。

増吽中興の寺院は古瑜伽にあった。寺伝によると近郷に300石余を有していたが、天正年間（1573～1592）に宇喜多直家に寺領を悉く没収され、改めて42石6斗を寄進されたという。江戸時代の天和2年（1682）8月、谷を一つ隔てた西へ移転し、「瑜伽山蓮台寺慈聖院」になった。岡山藩士・石丸平七郎定良が元禄13年（1700）から同17年（1704）にかけて編集した地誌『備前記』には、蓮台寺は児島郡山村の中でも西方にあって、30石の寺領を有していることや、蓮台寺のあたりは児島で最も山深く、常に朝霧に囲まれ、夏場の蚊や蠅も少ないところであったことが記されている。

その後、門前には町が形成されて発達し、蓮台寺はその中核に位置するかたちになり、門前町とともに繁栄を謳歌することになる。その様子は後述するとして、近世期の蓮台寺は岡山藩主池田氏からの篤い信奉も受けていた。元禄15年（1702）に大火で堂塔伽藍のすべてを失っても池田氏の援助を受けて再建されたり、提灯や石灯籠などの寄進を受けたり、寛延元年（1748）には池田継政によって武運長久のために瑜伽権現本社と拝殿の改築がなされたりしている。また、池田氏は領内で厳しい文教政策を行っていたが、同じ岡山藩領内であるにもかかわらず、瑜伽山では富籤《とみくじ》や盛り場の存在を許していた。池田継政の篤信を得ていた18世紀中頃の蓮台寺は、2千有余の檀家を抱え、社殿や堂塔伽藍を完備した中国地方で無比の巨刹であった。

近代になると、神道国教化を推進した明治政府は、神仏習合（仏教と神道との一体化）を改める目的で、神社の別当や社僧に還俗《げんぞく》を命じた。仏像を神体としたり社前に仏具を置いたりすることも禁止するなど、次々と法令を出して神仏分離をすすめた。その結果、瑜伽山でも明治5年（1872）に神と仏が分けられ、現在の「由加神社」と「蓮台寺」に至っている。

二　町場の発展と庶民信仰

〈執筆〉
(1)……………………福本　明
(2)、(3)………………吉原　睦
〈地図〉………………福本　明

(1) 瑜伽参詣道

瑜伽大権現を目指す参拝経路は、主に田の口・下村・林・下津井（いずれも倉敷市）・日比（玉野市）を起点とする五つのルートがある。その道自体がいつ、どのようにして形成されたのかは分からないが、岡山県教育委員会による歴史の道調査によれば、林から南下して瑜伽へ通ずる道には明和4年（1767）の道標（「五十四丁」）などがあり、この道が最も古くから瑜伽参詣道として利用されていたという。他に、八浜（玉野市）から上陸して由加へ歩を進める道筋もある。19世紀、全国各地からの旅人は、これらの道を踏みしめ、歩跡を刻みながら瑜伽山へ向かった。現在は鉄道や自動車の発達により、参詣道としての重要性自体はかなり低下している。しかしながら、丁石など、往時の瑜伽参詣を物語るものが今なお路上に散見される。丁石をたどりながら由加まで歩けば、あたかも近世の瑜伽参拝を実体験しているような気分に浸れるところもある。

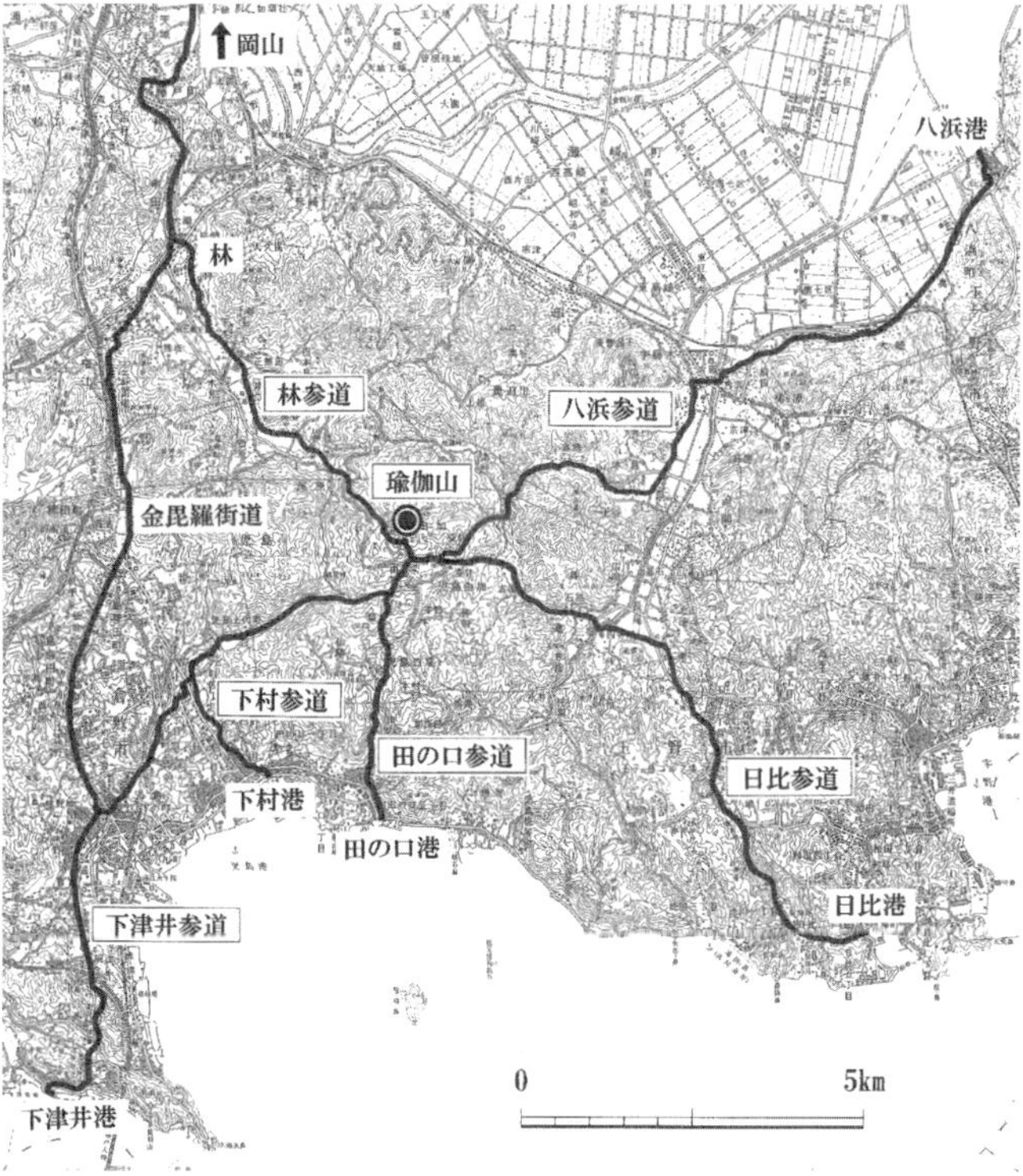

近世期の瑜伽大権現への参拝経路（国土地理院５万分の１地勢図『岡山南部』『玉野』を加工して作成）

次頁以降、各参詣道のルート図を掲載し、細かく見づらいながらも大まかな道筋と場所を提示したい。

なお、各参道の名称は、起点の地名を拝借して便宜上名付けたものである。

田の口参道（田の口〜白尾〜由加）

『茶屋町』『下津井』を加工して作成）

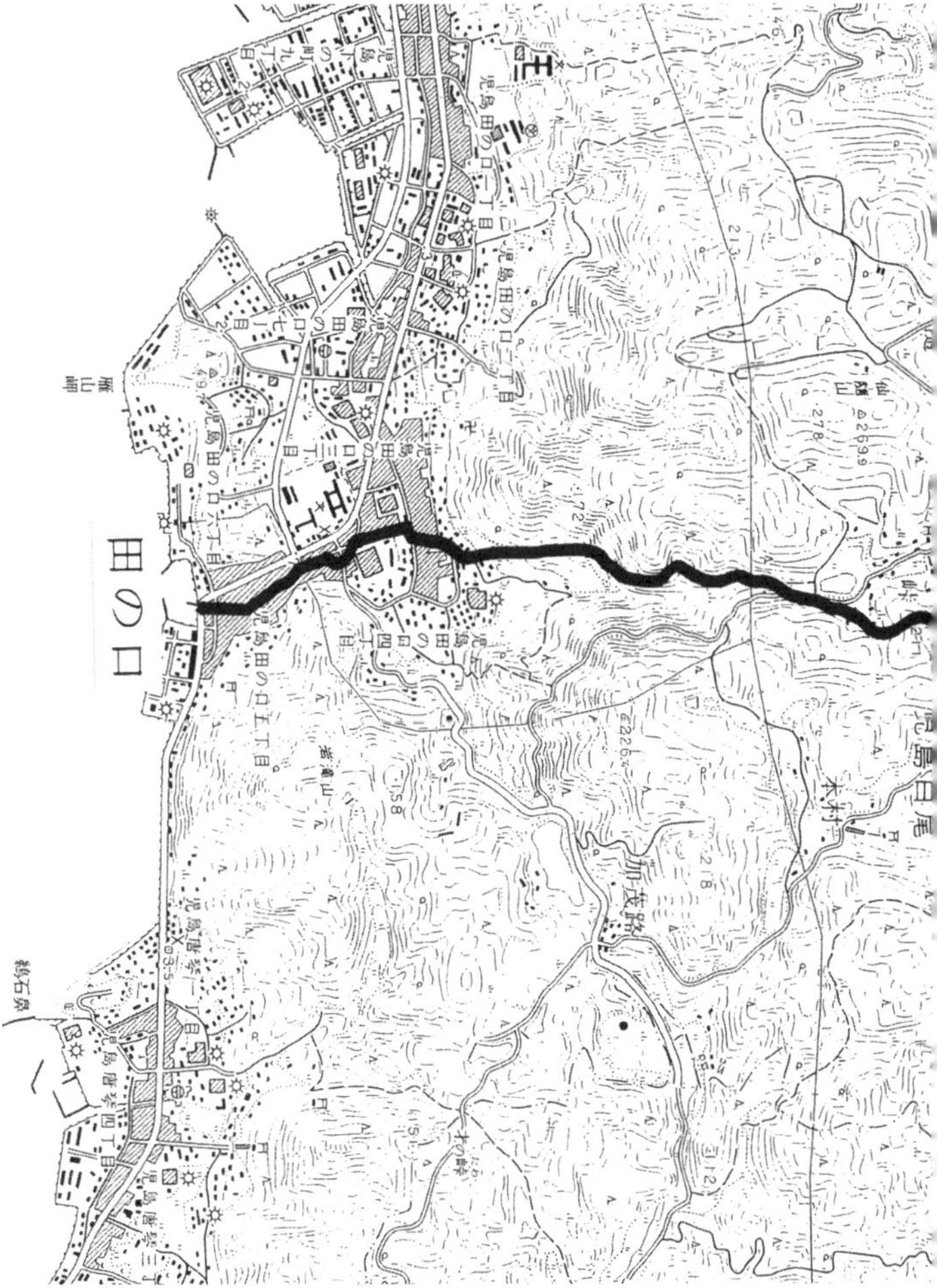

(国土地理院 2 万 5 千分の 1 地形図

下村参道（下の町～上の町～由加）

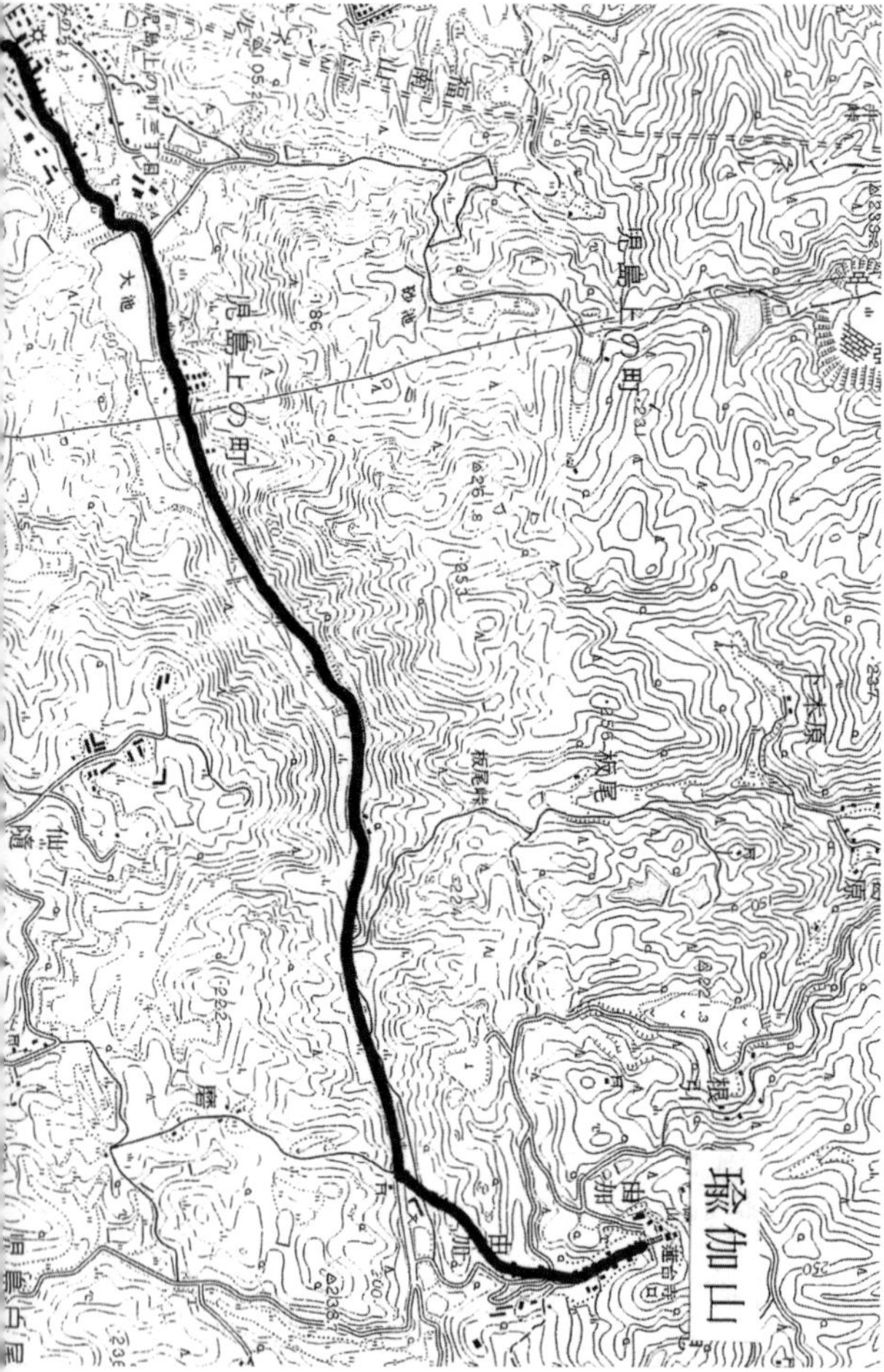

『茶屋町』『下津井』を加工して作成）

(国土地理院2万5千分の1地形図

林参道（林～木見～尾原～由加）

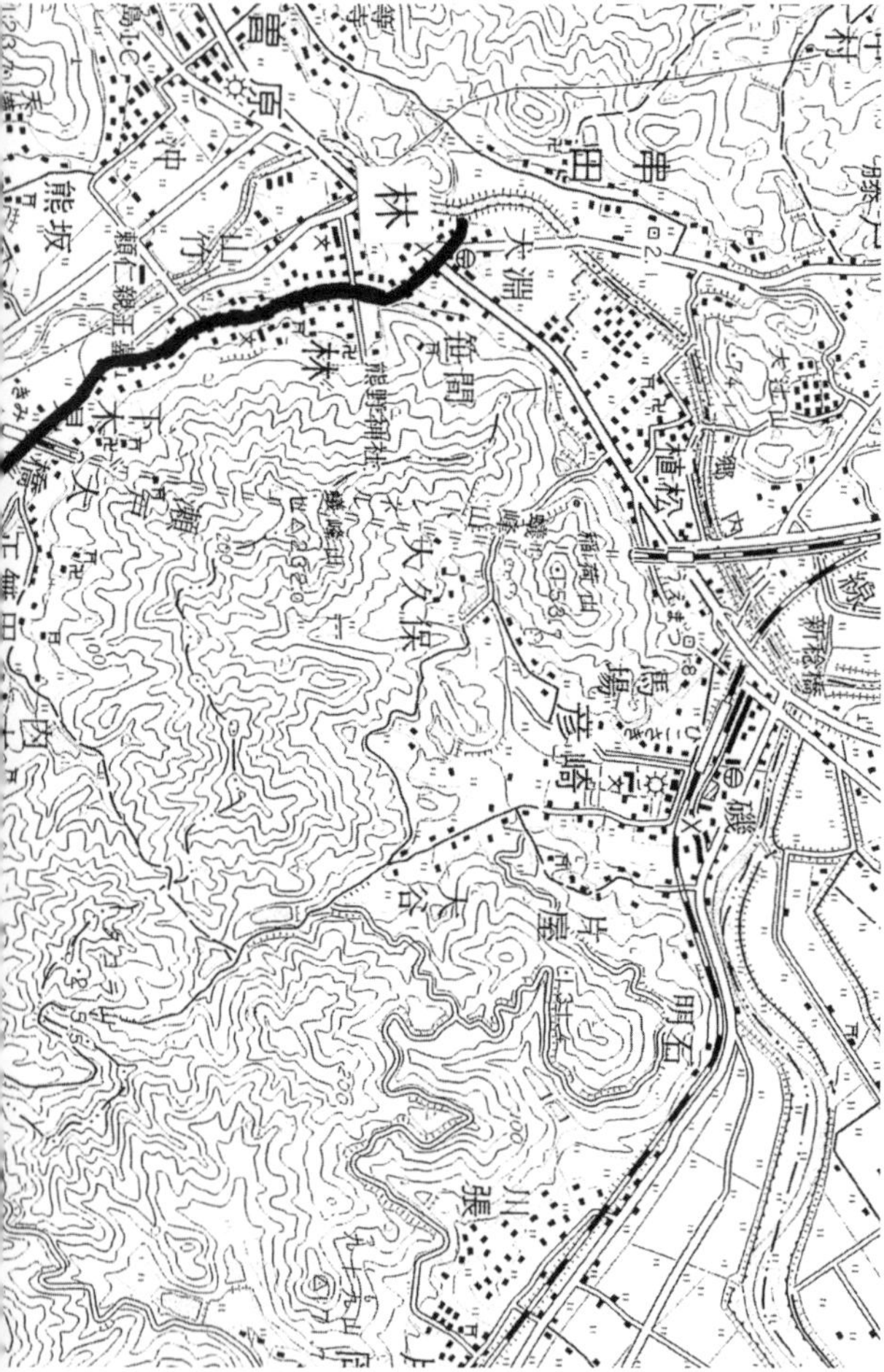

『茶屋町』『下津井』を加工して作成）

(国土地理院２万５千分の１地形図

下津井参道（下津井～吹上～赤崎～味野～小川～下の町～上の町～由加）

『茶屋町』『下津井』を加工して作成）

（国土地理院２万５千分の１地形図

日比参道（日比～長尾～滝～由加）

『岡山南部』『玉野』を加工して作成）

(国土地理院５万分の１地勢図

八浜参道（八浜～槌ヶ原～用吉～木目～小島地～由加）

『岡山南部』『玉野』を加工して作成）

（国土地理院５万分の１地勢図

（2）両参り

決まった二つの神社の両方を参拝すると神の強力な加護が得られるとしたり、どちらか一方しか参らないと御利益が少ないなどとされる習俗を、「両参り」という。伊勢神宮（三重県）と多賀大社（滋賀県）、善光寺と北向観音（ともに長野県）、出雲大社と美保神社（ともに島根県）など、各地の例がある中、瑜伽の権現も「コンピラさんにユーガさん」「金毘羅参りは由加参り一方参りは片参り」などといわれるように、讃岐・金毘羅大権現との両参りが近世以降盛んになり、広く信心を集めている。共に洋上航海の安全に対する御利益があると信じられており、山本慶一は「むかしから両社へ参らなければお蔭が半分になると片参りが忌まれてきました」と説明している〔山本繁子ほか（編）2006『追悼・山本慶一の軌跡』私家版　143頁〕。

前述した瑜伽山参詣道とあわせて、讃岐・丸亀から金毘羅大権現までの「丸亀街道」も紹介しておこう。丸亀湊の太助灯籠から琴平の高灯籠までの金毘

丸亀街道（丸亀港〜金刀比羅）

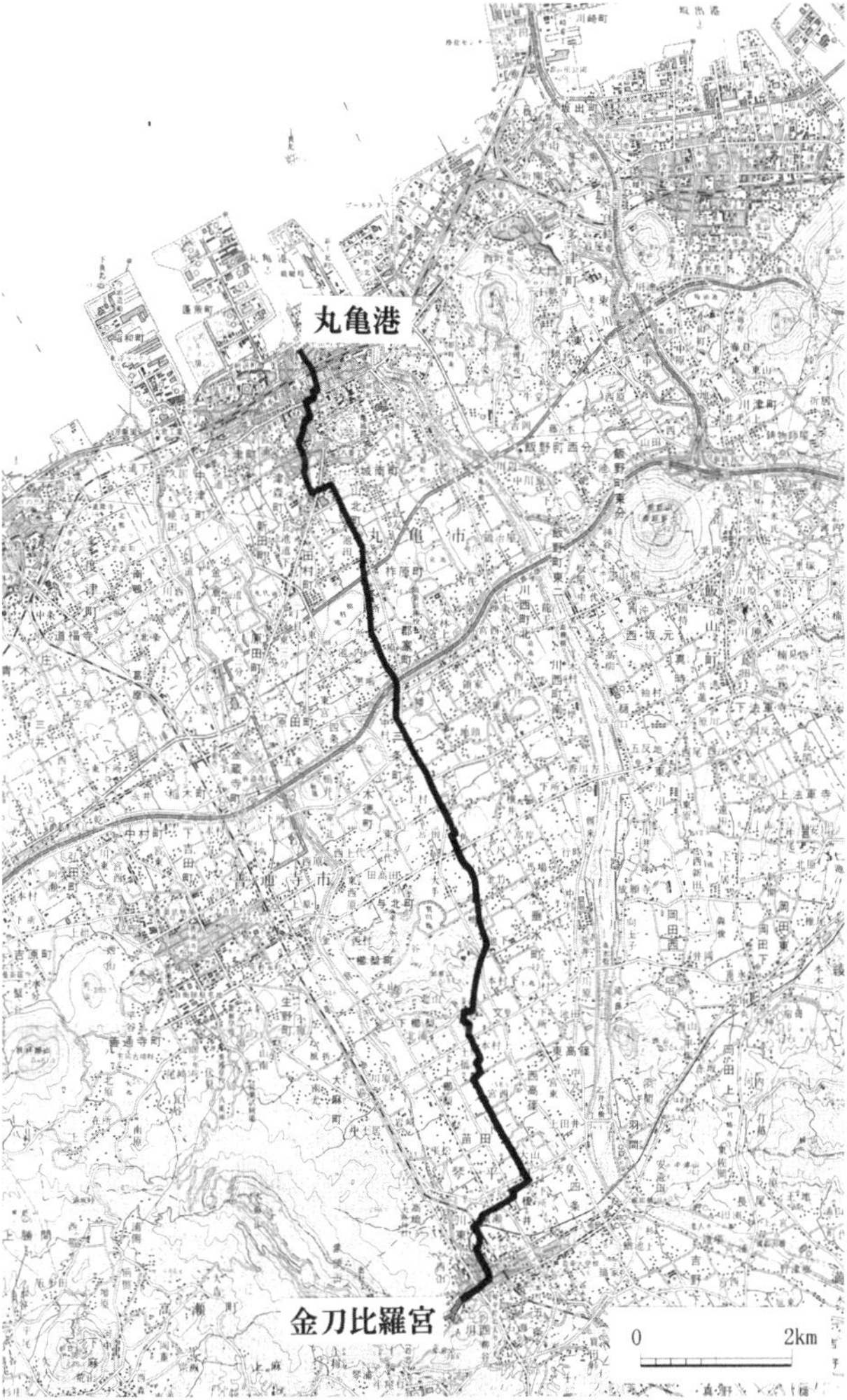

（国土地理院５万分の１地勢図『丸亀』を加工して作成）

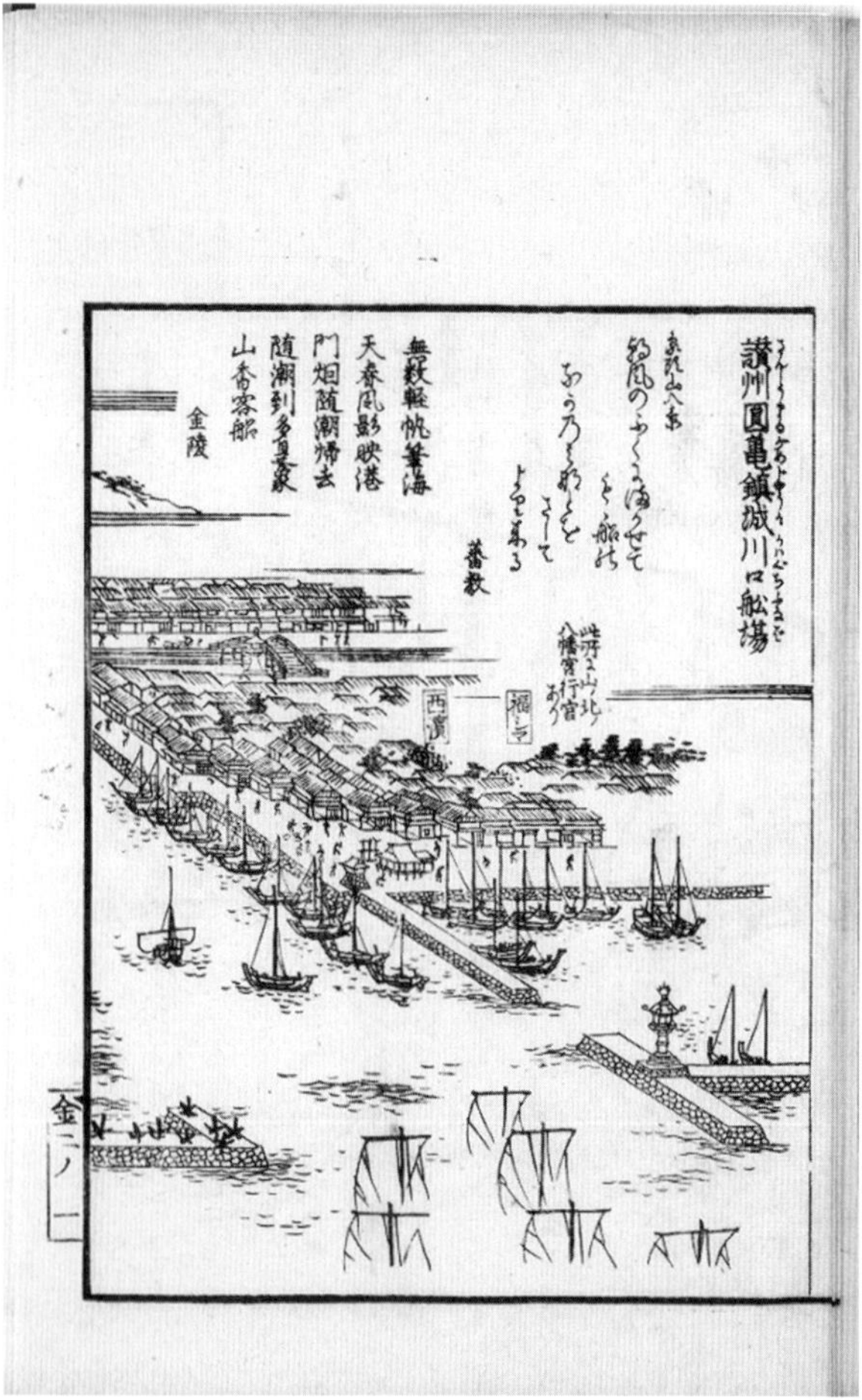

讃州圓亀鎮城川口船場（香川県立図書館蔵）

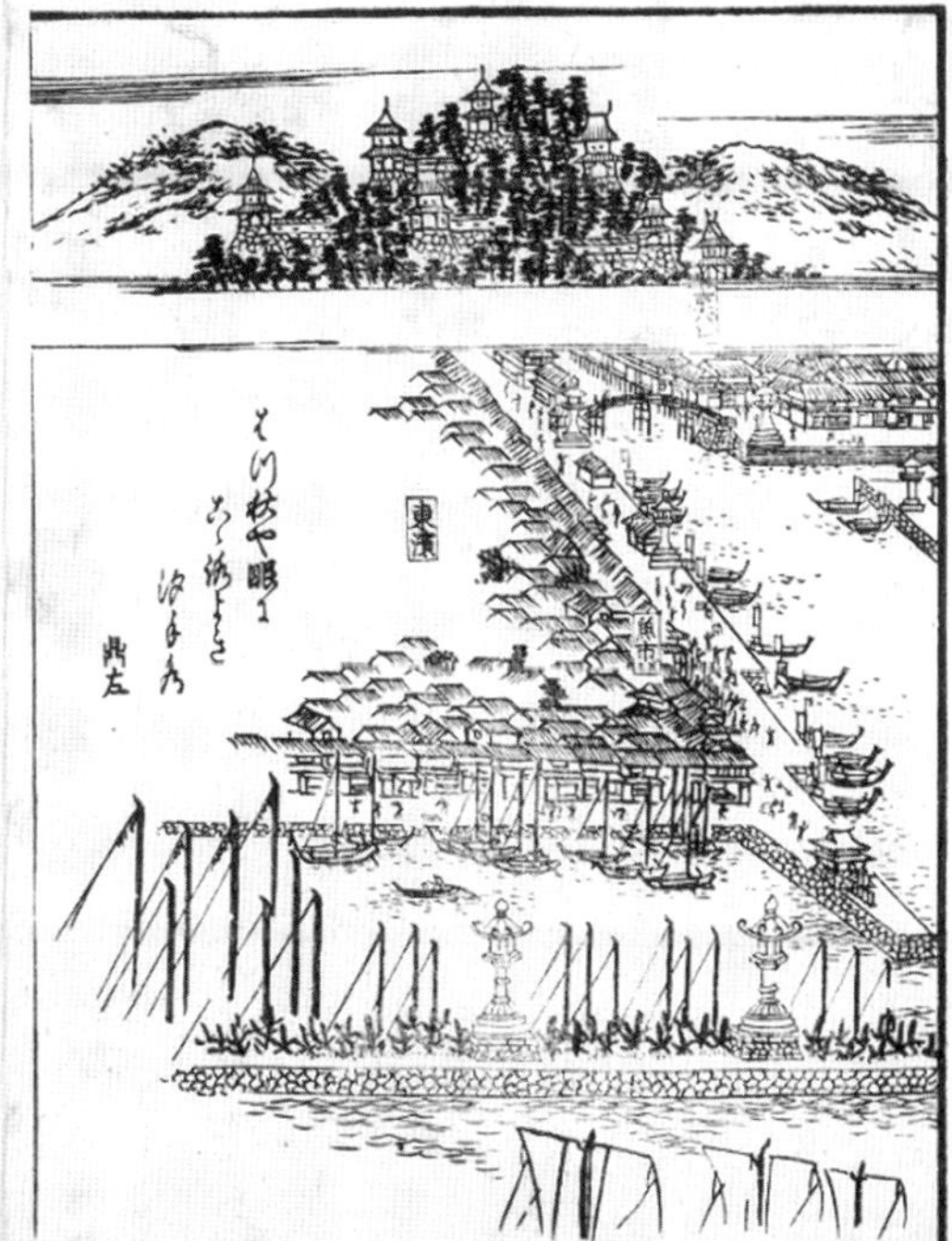

『金毘羅参詣名所図会　2』

金毘羅参詣船の発着湊「新堀湛甫」を原型とする新堀港と、江戸講中灯籠「太助灯籠」（丸亀）

琴平の高灯籠

羅街道である。
瑜伽大権現（以下「瑜伽」と記す）と金毘羅大権現（同「金毘羅」）の両方をお参りしたことが記されている江戸時代の紀行文に注目しよう。それぞれの詳細はすぐに後述するとして、管見で①筑紫紀行、②肥前鹿嶋様御国行日記、③神路山詣道中記、④西遊草、⑤金毘羅参詣道中日記、⑥航薇日記が目にとまった。この他、児島の郷土史家として著名な山本慶一（1928〜1993）によると、

文政6年（1823）「金毘羅参詣道之記」
天保15年（1844）「今田忠助道中日記」
嘉永3年（1850）「西遊絵日記」
嘉永3年（1850）「伊勢参詣日記帳」
安政3年（1856）「金毘羅参詣道中記」
明治9年（1876）「伊勢参詣金毘羅宮之道行記」

などにも同様の記述があるという。しかしながら筆者の怠惰により、当該史

料の原本または翻刻の所在等、実態を把握するに至っていない。加えて、全国各地には未だ注目されていない紀行文も数多くあろうから、これらについては今後の課題にするとして、本書では六つの紀行文について、その概要と瑜伽・金毘羅参詣前後の行程について、それぞれ紹介しておく。

①筑紫紀行

管見の限りでは、瑜伽と金毘羅の両方を参る様子が記されている最古の紀行文である。筆者の吉田重房(通称・菱屋平七)は尾張(愛知県)の商人で、家業に専念し、40歳で家督を息子に譲ってその重責を無事に果たした後に、日光東照宮(栃木県日光市)参拝などの遊歴をした人である。「筑紫紀行」は、享和元年(1801)に長崎への旅を思い立った重房が、遊歴だけでなく同志の人にとっての手引きになるよう、また、子孫が家業を疎かにして軽々しく浪遊することのないよう、道中の見聞をまとめたものである。重房は若い頃に、長崎が異国船の寄り集まる珍しい大湊であることを聞き及んでおり、

吉田重房『筑紫紀行』表紙
（宮内庁書陵部所蔵資料目録・
画像公開システムより）

現地に興味を持っていた。しかしながら、長崎は非常に遠くにあり、家業も疎かにできないことから、旅行を断念していた。楽隠居によってその機会を得た重房は、同志の塩谷何某と相談し、ともに長崎へ行く決心をしたのである。

辛酉《かのととり》の年（享和元年＝１８０１）３月16日、尾張を出発した重房は大坂・道頓堀から船に乗り、瀬戸内海を通って３月末日に丸亀に到着し、翌４月１日に金毘羅を参詣して善通寺で宿泊した。翌日は丸亀に泊まり、３日の午の刻（正午前後）過ぎに児島田の口へ向けて出帆する。しかしながら、風や潮の都合で田の口まで行けず、下津井に上陸してこの日は終わる。結局、翌４

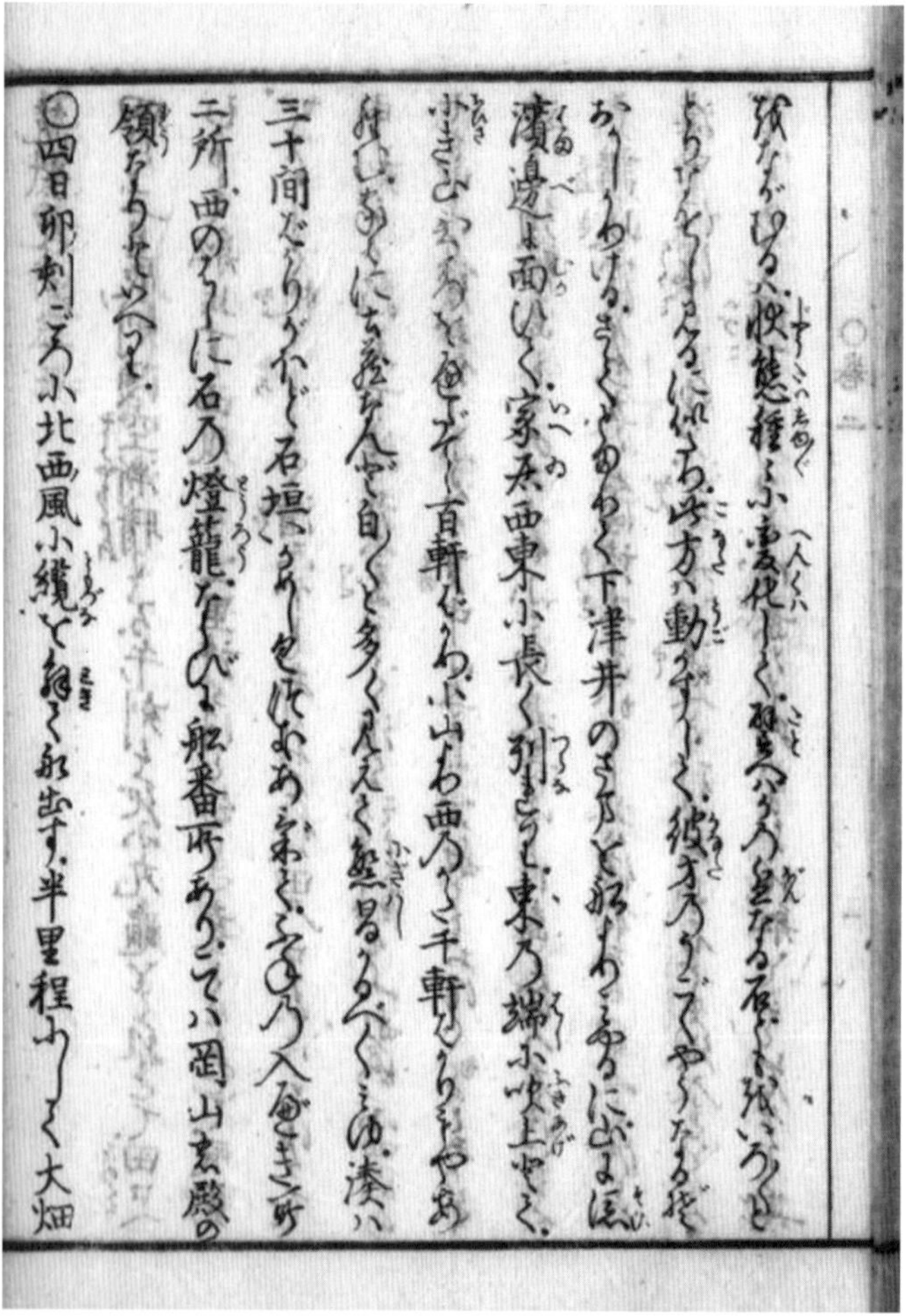

（宮内庁書陵部所蔵資料目録・画像公開システムより）

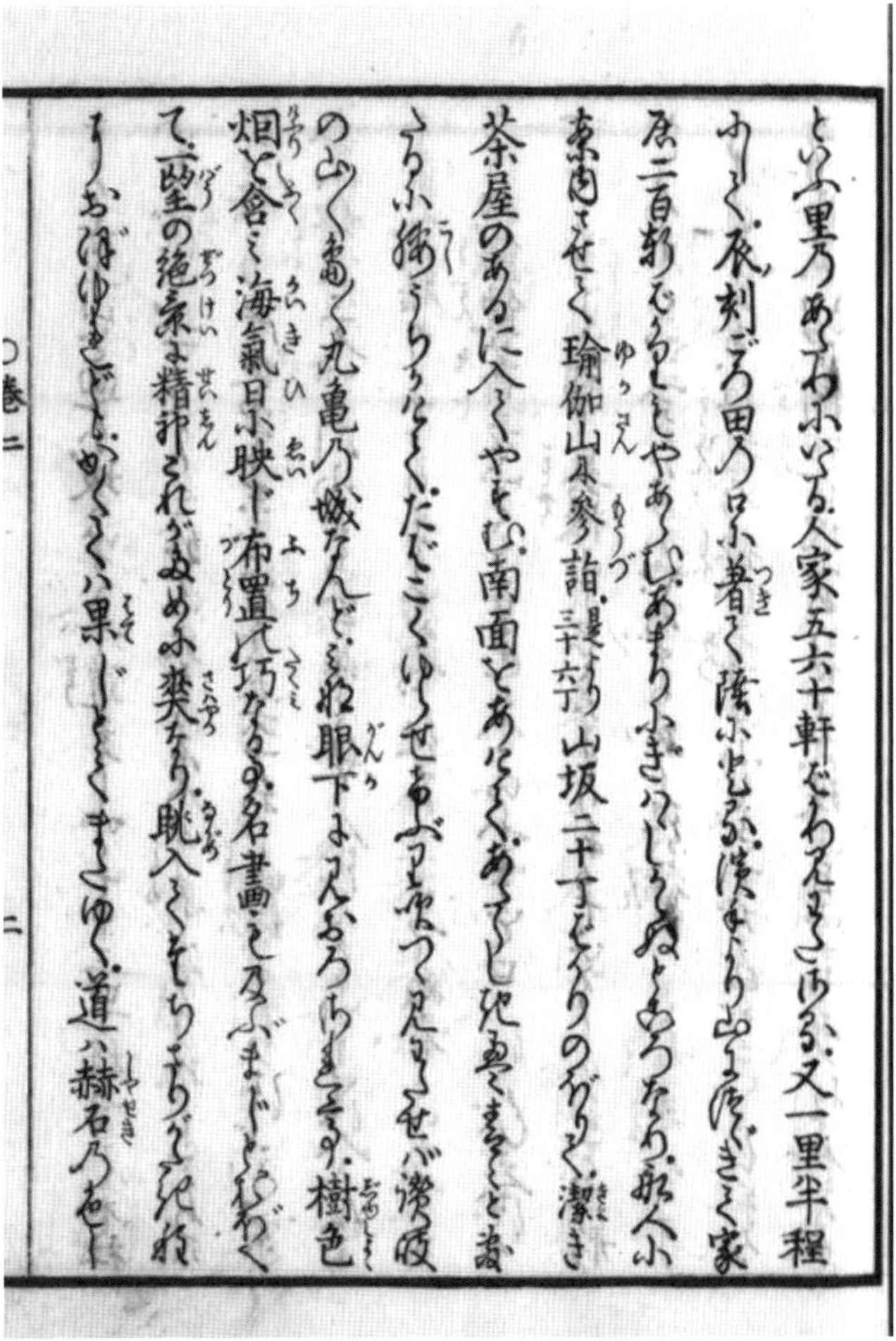

『筑紫紀行』のうち、瑜伽参詣に向かう部分

日の卯の刻（午前6時前後）頃に船出し、大畠をまわって辰の刻（午前8時前後）頃に田の口に至り、そこから瑜伽を参詣した。この日、午の刻（正午前後）頃に下津井へ戻り、船で備前を後にして九州へ向かっている。ちなみに帰路は、6月4日に尾道（広島県尾道市）を発ち、「今須宿」（今津宿。広島県福山市）・神辺（同県同市）・高屋（岡山県井原市）・七日市（同県同市）を経由して矢掛で一泊の後、川辺（倉敷市）・板倉（岡山市）を抜けて岡山入りするといった具合に、山陽道を通っている。

②肥前鹿嶋様御国行日記

大坂の町人で「華井」の号を持つ平野屋（難波）武兵衛（1801〜1879）が、弘化3年（1846）閏5月2日、46歳の時に商用で肥前鹿島藩（佐賀県鹿島市で、佐賀藩の支藩）へ出掛けた際の日記である。

この日に息子・牛之助らと大坂を発った武兵衛は、4日後の閏5月6日に日比（玉野市）を経由して瑜伽を参拝した。朝食後の四つ頃（午前10時頃）

に出発した一行は、九つ過（正午過ぎ）に参詣をし、八つ時過（午後2時過ぎ）に門前の茶屋（錦屋清蔵）で昼食を摂る。そして、夕方に日比へ戻って入浴と夕飯を済ませると、再び出航して与島で一夜を明かした。多度津に到着した一行は昼食を食べた後、準備を整えて金毘羅へ出掛けた。しかしながら雨が降り出したために参拝を中止し、終日船内に留まった。結局、翌8日の朝から出発して、日帰りで金毘羅参詣を果たしている。ちなみに帰路は、7月11日から12日にかけて、沖から下津井や牛窓を見物して播磨灘へ至っており、瑜伽や金毘羅には立ち寄っていない。

③神路山詣道中記

下野国上三依村（栃木県日光市）の名主・阿久津正右衛門（通称・重夫）ら12人による、嘉永元年（1848）の旅行記である。約80日間の旅を続けた一行の母体は、上三依村・糸沢村・横川村・今泉村・中三依村・長野村の住民22人から成る伊勢講であり、同書には伊勢神宮などへの神社仏閣参詣はもちろん、鎌倉・奈良・京都などの物見遊山についても記されている。

一行は嘉永元年（1848）1月19日に上三依を旅立ち、宇都宮から日光街道・東海道を経由して2月17日に伊勢を参詣する。次いで、奈良・高野山を抜けて大坂へ、そこから海路で丸亀へ渡り、3月3日に丸亀の宿を出て金毘羅詣でをした。その足で善通寺へ向かった一行は、再び丸亀に戻り、翌3月4日まで丸亀に滞在する。夜九つ時（深夜零時頃）に出帆して瀬戸内海を渡り、5日に瑜伽参詣を済ませて室津（兵庫県たつの市御津町室津）でこの日の宿をとった。

ちなみに、「神路山詣道中記」には、児島における重夫らの上陸地点は明記されていない。ただ、由加までの道のりを三〇丁と記していることから、下津井ではなく、下村または田の口から瑜伽参詣に向かったことが分かる。なお、一行はその後、京都・大津から中山道沿いに善光寺へ立ち寄り、軽井沢・高崎・太田・栃木などを後にしながら、4月5日に帰郷している。

④ 西遊草

出羽国清川村（山形県東田川郡庄内町）の素封家・斉藤家に生まれた清河八郎（1830〜1863。出生当時の名は斉藤元司）が、安政2年（1855）に母を連れて伊勢参拝の望みを果たした折りの、半年にわたる旅記録である。

元司（八郎）は18歳の時、父の許可を得ないまま江戸へ出て、学問・剣・書に勤しむ。25歳の安政元年（1854）、昌平黌書生寮（昌平坂学問所。東京都文京区）へ入寮して「清河八郎」と称しはじめる。同年11月には、神田三河町に塾を開くが、年末の12月30日早朝、前夜に発生した神田連雀町の火災の類焼被害を受けてしまった。八郎は今後のことを相談するために帰郷する。その折り、家出以来7年間にわたって親孝行が疎かになっていたことを悔やみ、伊勢参りを思い立った。こうして母を連れて旅立つことにし、母親の老後の思い出として、また、弟や妹が伊勢に参詣する時の参考にもなるであろうと考えて綴ったのが「西遊草」である。

清河八郎〔国立国会図書館デジタルコレクションより。原本は、伊藤痴遊 1936『近世二十傑 第6巻（清河八郎・河井継之助）』平凡社〕

一行は母子と下男の合計３人であるが、最初に母が下男を伴って、安政２年（１８５５）３月19日に清川から鶴ヶ岡の生家へ行って一泊した。翌20日に八郎も鶴ヶ岡で合流し、21日に３人一行による西遊の旅を開始している。新潟・善光寺・名古屋を経て伊勢参詣をした一行は、奈良・京都・大坂・姫路を抜けて陸路で岡山入りする。吉備津・天城・藤戸を通って瑜伽を参詣したのは、５月14日のことであった。その後、この日は田の口方面へ下るが、渡海の都合の良さを考えて下村へ移動した。月夜の中を船に揺られて進む八郎は、その途中で眠ってしまう。そして、目を覚ました時には、既に丸亀に到着していた。5月15日のこの日、一行は衣類を整えて朝食を済まして金毘羅を参詣すると、善通寺へ向かった。その後、多度津から宮島・岩国へ足を進め、鞆まで戻ってからは海路で5月23日に下津井・瑜伽山・下村・田の口を遠目に見ながら、25日に室の津（室津）に到着している。

ちなみにその先、天橋立や鎌倉・江戸・日光・米沢などへ立ち寄った彼らは、9月10日に帰郷している。

⑤金毘羅参詣道中日記

板倉六平（蓮沼）、大井久兵衛（植松）、増田才助ら、掛川宿（静岡県掛川市）近傍の6人による金毘羅参詣の道中記である。

安政3年（1856）2月20日に掛川宿に集合した彼らは、翌日に出発し、熱田神宮（愛知県名古屋市）・真言宗石山寺（滋賀県大津市）・臨済宗鹿苑寺（京都市北区金閣寺町）・生田神社（兵庫県神戸市中央区）などに立ち寄りながら、3月9日に瑜伽参詣をした。大坂から陸路で播磨・備前へ抜けてきた彼らは、この日、天城（倉敷市藤戸町天城）の渡しを渡って藤戸に足を踏み入れ、一息入れてから瑜伽を目指している。

瑜伽参詣を終えた一行は田の口へ下り、旅支度を調える。しかしながら雨天で船が出ず、人混みも増してきた。そのため、向かいのうどん屋でうどんを食べたり、句をひねったりしてその日を終えた。翌日、五つ時（午前8時頃）に船に乗って瀬戸内海を渡り、丸亀に無事に着くと、昼食を摂って荷物を預けた後に金毘羅詣でに出掛けた。目的を果たした彼らは丸亀の宿に戻って一泊し、翌11日には善通寺を参拝する。12日に船で田の口まで戻ると、同乗の人々が瑜伽へ参詣する中、彼らは小遣い銭を手に田の口で遊んだ。その後は再び海路で室津を越えて大坂・安治川橋（大阪市西区と福島区の境。現存せず）で下船し、塔ノ峯（多武峰。奈良県桜井市）や四日市（三重県）、藤川（愛知県岡崎市）を経由して掛川へ戻っている。

⑥航薇日記

浅草（東京都台東区）生まれの漢詩人・新聞記者、成島柳北（惟弘。1837〜1884）が、明治2年（1869）に体験した1ヶ月余りの旅行の様子を、自ら刊行した文学雑誌『花月新誌』の82号〜117号（1879〜1881）に連載したものである。

柳北の紀行の概要は次の通りであった。義兄・戸川成斎が所用で自領の妹尾（岡山市）へ行くことになる。明治2年（1869）10月12日、成斎が浅草の柳北を訪ねてそのことを告げて同行を勧めたところ、柳北も京阪を一遊しようと思っていたところで、煙霞《えんか》の痼疾《こしつ》（山水の景色を愛し、旅を好む癖）を抑えきれずに旅支度を調え、2日後の14日に浅草を後にした。横浜から、アメリカの蒸気船・オレゴニアン号に乗って神戸まで行くと、漁船に乗り換えて浪華（大阪市）へ向かい、南御堂（浄土真宗難波別院。大阪市中央区久太郎町）参詣、道頓堀・大西（筑後座）での演劇鑑賞などの大阪見物を楽しんだ。

成島柳北(国立国会図書館ホームページ「近代日本人の肖像」より)

その後、再び海路で久々井(備前市)・小串(岡山市)を通って上陸し、半里(約2キロ)歩いて妹尾に到着する。その先、岡山城下はもとより備中高松稲荷(最上稲荷。岡山市北区)や瑜伽、讃岐・金毘羅などにも足を延ばすと、海路で小豆島にも立ち寄りながら浪華に戻って再び羽を伸ばし、往路同様、大阪・神戸・横浜間を船で移動し、11月28日の夕方に浅草の自宅へ戻っている。

瑜伽・金毘羅参詣について、もう少し細かく見てゆこう。3月25日に妹尾に到着した柳北は、4月3日に児島経由で讃岐へ渡る約束を成斎と交わして就寝する。翌日、その約束通りに、下女らを伴って妹尾を後にした。備前・

備中の境を曳舟で下り、植松の渡しを通って陸路で尾原へ抜ける。尾原では小倉織真田紐を買い求め、山道を進んで瑜伽に足を踏み入れ、西屋（門前の旅館・料理屋）で一息入れる。そして、田の口へ下りた頃には日が暮れていた。一行はその晩に丸亀へ渡るつもりであったが、風が悪くて船が出ないため、仕方が無く田の口・藤屋で一夜を過ごしている。天候は翌日の晩になっても好転せず、しびれを切らした柳北らは源吉丸に乗り込むが、やはり出航しなかったため、船中泊のかたちになった。翌4月6日、相変わらず風は激しかったが、船はようやく湊を離れる。それでも、洋上では誰一人として風景を見るどころか、口を開くことすらできない状況であった。何とか無事に丸亀に到着した一行は金毘羅へ行き、象頭山を下りて虎屋に泊まって宴会を盛大に開くと、この日は皆酔いつぶれて寝てしまった。明くる7日、丸亀から船に乗って順調に田の口へ到着する。一行は日暮れの頃に瑜伽門前の西屋に再び立ち寄り、夜更けまで盛り上がって一夜を満喫して過ごした。夜が明けても酒を酌んだが、9時に西屋を出て瑜伽を参り、そのまま尾原・植松経由で妹尾に戻っている。

　このように、柳北らは金毘羅参詣の前後に、合計2度、瑜伽を訪れている。このうち、2度目の来訪では「瑜伽権現に詣る」意思を文章上で確認することが可能である〔内山正如（編）1897『柳北全集』博文館　140頁〕。他方、最初の訪問の際には、瑜伽権現の祠のことを記してみたり、瑜伽権現の祭神に関する地元の人との質疑応答について書き留めているものの、瑜伽参拝の事実を確実に断定できる表現が見あたらない。実は、金毘羅の記述についても同じように「参詣した」とは明記されていないので、文字面だけを参拝の根拠としてよいのか否か、些か難しい面がある。そのため、柳北らは瑜伽へ2度お参りをしたかもしれないし、金毘羅参詣の後に1度参拝しているだけかもしれない。

　以上の他に、由加山と象頭山の両方を訪れていながら、瑜伽に参拝していない可能性を捨てきれない例（伊勢金比羅参宮日記）もあるので、次に紹介しておきたい。

⑦ 伊勢金比羅参宮日記

上野国（群馬県）出身の医師・栗原順庵（1809〜1882）が41歳の時、伊勢崎（同県伊勢崎市）の医師・時谷洞庵ら、合計6人で伊勢・金毘羅参宮をした際の旅日記である。

嘉永3年（1850）1月28日の伊勢崎（同県伊勢崎市）出発から始まった69日間の旅行は、関宿・松戸（ともに千葉県）から江戸に入り、東海道を抜けて伊勢へ、参宮後は奈良を抜けて加太《かだ》（和歌山県）から四国・撫養《むや》（徳島県）へ渡り、引田《ひけた》・高松（ともに香川県）を通って金毘羅を参り、岡山・大坂・京都・大垣（岐阜県）・善光寺（長野県）を経て帰郷するという行程であった。

このうち、金毘羅へは3月7日の朝に参拝を済ませており、その足で真言宗善通寺（香川県）へも参詣し、与島で一泊した。そして翌日、一行は五つ時（午前8時頃）に出帆し、四つ時（午前10時頃）に下村（倉敷市児島下の町）へ到着する。そのまま花屋菊兵衛の家に入って酒・肴を口に入れた後、瑜伽へ向かう。途中、小倉（小倉織）を商う小屋では、随分安価であるにもかかわらず、値切って真田（真田紐か？）を購入している。

それはともかく、瑜伽の霊地へ到着した一行は、門前の茶屋の多さを目にした。この記述の直後、「夫より、半道餘下りにて、吉備津宮迄六里の間、平坦なり。此間弐里半行く」と書かれている〔金井好道（編）1978『伊勢金比羅参宮日記』私家版 44頁〕。そこで、旅行中の出費を記した「雑費手控」でこの日の支出を確認すると、与島での宿泊代や下村・花屋での飲食代、真田代、菓子・餅代が記されている一方、御札などの代金を支払った記述がない。2月20日に伊勢を参った時には「朝熊御札」を、2月27日には多武峰の御札や大峰山の行者による開帳で「御札等いろ〳〵」を、3月5日に志度寺（香川県さぬき市）を訪れた際も「御札」を購求しており〔金井好道（編）1978『伊勢金比羅参宮日記』私家版 72、75、78頁〕、これらの例を垣間見ると、瑜伽には参拝していないような気もしてくる。しかしながら、肝心の金毘羅参りをした3月7日の項を見ると、日記の本文では「今朝金比羅参詣相済む」、「善通寺参詣」と明記しているのに対し〔同43頁〕、「雑費手控」には「丸亀茶漬代」と「舟賃いろ〳〵」の二つしか記されていない〔同79頁〕。前出例等の記述を見る限り、「いろ〳〵」に参詣費用が含まれているとは考えにくく、雑費の支出がないことを理由に参詣していないと即断することができなくなる。結局、順庵が間違いなく瑜伽を参拝したと断言するには至らないが、そうかといって四方を山に囲まれた孤高の霊地・名所に足を踏み入れながらわざわざ瑜伽を避ける理由も見出せない。

瑜伽・金毘羅の両方を参詣したことが記されている紀行文6点、可能性のあるものも含めれば7点を概観してきた。いずれの旅行も、瑜伽・金毘羅の二つを専らに目指したものではないことを十分に含んでおかなければならないが、これらの記録から、瑜伽・金毘羅の両参りについて何か分かることはないだろうか。

先ず、紀行文①は長崎見物、②はビジネス旅行、③は伊勢神宮への参拝、

④は母親孝行、⑤は不明瞭であるが⑥は旅行癖というように、旅の大きな目的や契機を一つだけ取り出しても、ケース・バイ・ケース、人それぞれである。反面、道中で善光寺や高松稲荷などを参拝したり、藤森明神（藤森神社。京都府京都市伏見区）の武者行列行事や須磨寺（真言宗福祥寺。兵庫県神戸市）の宝物を見学したり、錦帯橋（山口県岩国市）や岡山城下を見物したりという具合に、様々な社寺仏閣や名所をめぐっていることが共通点として挙げられる。7点の中には、江戸滞在中のある日、深川八幡宮（富岡八幡宮。江東区富岡）と州崎の弁財天（洲崎神社。江東区木場）への参拝に続き、両国で大相撲を見物し、新吉原（東京都台東区）へ繰り出して色を楽しんだことを記述しているものもある。その御仁が事に及んでいる最中、新吉原では火災が発生して大騒ぎになった。御仁も慌ててお暇《いとま》したところ、鎮火を知らせる拍子木が鳴ったので落ち着き、〝忘れることのできない契りになった〟そうだ。他に、大坂で芸者を連れて深酒した人もおり、概ね、江戸時代の旅の性格として既に広く知られているとおりの、物見遊山であっ

たことが改めて確認できる。そして、瑜伽がその対象の一つになっていたことも認識可能である。

では、往時の瑜伽参りと金毘羅参りは不可分な関係にあったのだろうか。山本慶一は、自ら収集した33点の日記史料中、13点が瑜伽に立ち寄っていないことを示し、「直接丸亀や多度津に船が着き瑜伽参詣の機会が得られなかった人たちでした」と述べている〔山本繁子ほか（編）２００６『追悼・山本慶一の軌跡』私家版　１４４頁〕。さらに、両参りの信仰を示す灯籠や鳥居が讃岐側には見あたらないことを挙げて、讃岐側における両参り信仰の希薄さを指摘したり、「十返舎一九を起用して霊験物語を書かせたり、また得意の道中物の中で瑜伽山を紹介させるなどの手だてを講じたことが知られています」などとして、瑜伽側の関係者が両参り信仰を広めた可能性を推測している〔同１４４頁〕。筆者は後述の通り、一九が『男結花縁起《おとこむすびはなのえんぎ》』や『方言修行金草鞋《むだしゅぎょうかねのわらじ》』で瑜伽を題材にしていることは知り得たものの、戯作である前者の序文に「僕先年讃刕象頭山へ詣たりし帰るさ」などとある以外に、一九が由加を実際に訪れたことを示す史料的根拠に出会えぬまま現在に至っている。一九は度々取材旅行に出かけており、文化10年（1813）には播州・四国・九州を旅している。しかしながら、翌年にその遊歴を作品化した『方言修行金草鞋』第四編（西国道中之記）では、摂津から室津・備前沖を通って丸亀・金毘羅に至っているものの、備前児島及び讃岐界隈を描写した部分を見ると、日比・下津井間に描かれた入り江のような海岸線のところには、「児しま」の文字と家2軒ほどの絵しかない。つまり、瑜伽の参詣道として大きな存在である田の口湊や下村湊の描写を欠いている。さらに、「瑜伽」の文字もなければ寺社仏閣・門前町の絵もないという具合に、瑜伽の本体すらまったく描かれていない。一九が瑜伽を訪れた足跡を文章から辿ることもできない。ならば、一九はこの旅で瑜伽自体を訪ねてはいないと考える方が自然であろう。

もう一点、一九は文政6年（1823）に中風（片麻痺）を患っており、その後も長患いに悩まされている時期がある。国立国会図書館所蔵の『男

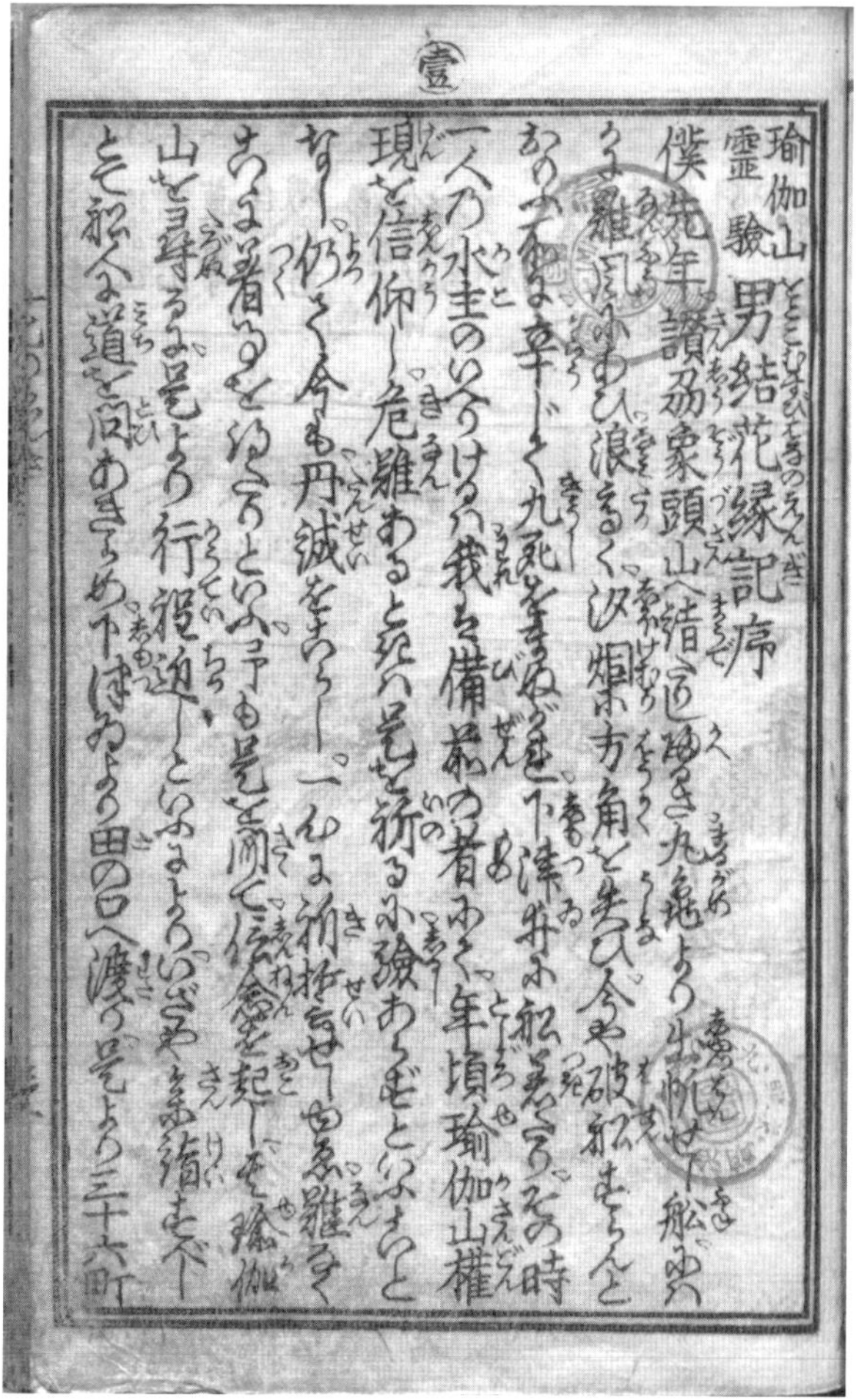
瑜伽山霊験男結花縁記序

『男結花縁起』序文（国立国会図書館デジタルコレクションより）

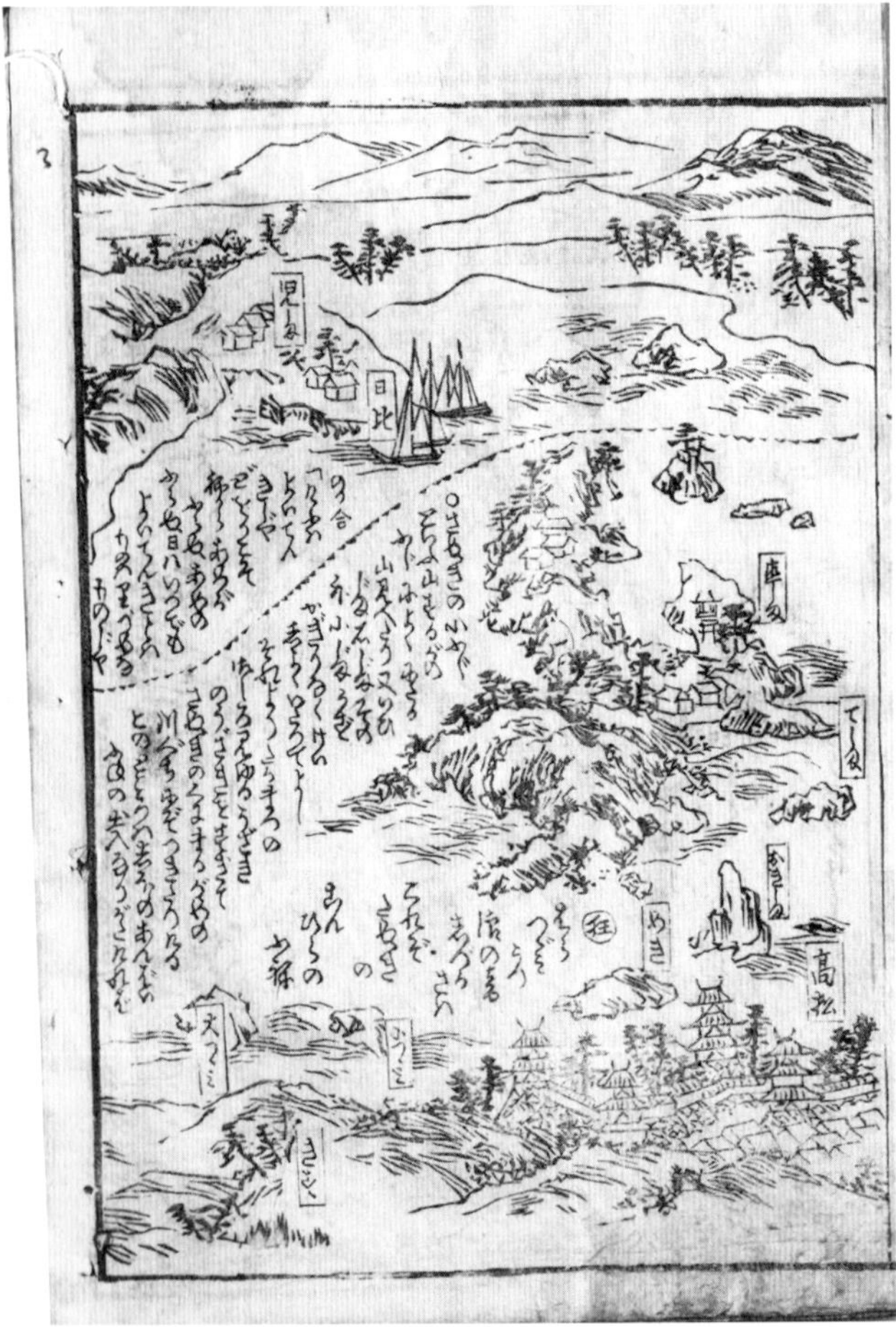

（国立国会図書館デジタルコレクションより）

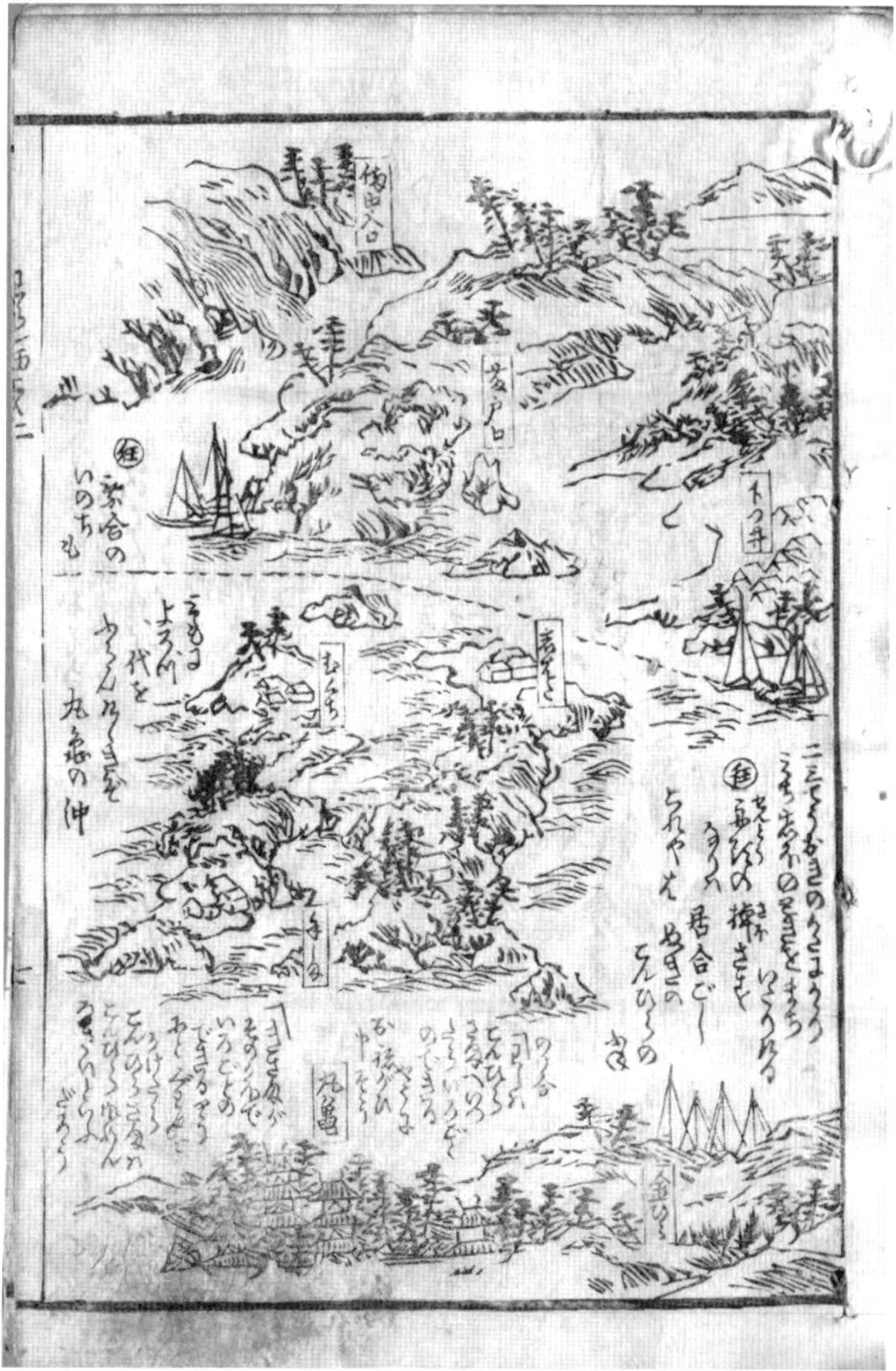

『方言修行金草鞋　第四編』

結花縁起』が仮に初版であるならば、序文にある文政12年（1829）頃の一九は、ほとんど半身不随の状態にあったと考えられている。想像力を最大限に発揮させれば、序文の「先年」は先述した文化10年（1813）の播州・四国・九州旅行のことかもしれないが、現時点でその根拠に乏しいことは先に述べたとおりである。しかも、既に小林寛子が『筑紫紀行』との比較を通じて、『方言修行金草鞋』の西国紀行〈第四編と第二六編〉が『筑紫紀行』を手本にして書かれていることを指摘しているし、中山尚夫も「ほとんど日本全国を舞台にしているといって過言ではない。これほどの地方に一九が実際に足を運んでいることは、彼の伝を調べてみても有り得ることではない」とした上で〈中山尚夫　2002『十返舎一九研究』おうふう　360頁〉、小林の主張も援用しながら、一九が『筑紫紀行』を参照しながら『方言修行金草鞋』を執筆したであろうと論じている。さらに、前出の『男結花縁起』に立ち返ると、敵討話を「めでたし　めでたし」と完結させた一九は、最後の締め括りで「誠にこの御神の利生新たなること、あげて数え難く、今、東都浅草鳥越に勧請なして奉り、利益著し。信心の輩、祈念怠慢無き時は、その応現あらずと言うことなし。仰ぐべし、尊ぶべし」と記している。当時の鳥越にあった「瑜伽」は、岡山新田藩・池田内匠頭邸内の「ユウカ山」で、第8代藩主・池田甚治郎（政善）時代の文政10年（1827）に勧請されたであろうものである。つまり一九は読者に対し、敵討物語で児島・瑜伽の霊験あらたかさを不動のものとして印象づけ、それを根拠に東都浅草・池田邸内の瑜伽を宣伝した、と捉えることも可能なのである。以上を勘案すれば、一九が瑜伽の地を踏んだとは考えにくく、かつ、一九を登用したアナウンス効果で瑜伽・金毘羅の両参り信仰が拡大したとするには、かなりの無理があると言わざるを得ない。また、今の時代に、往時の状況を正確に把握することは無理難題ではあるにせよ、丸亀街道や金毘羅宮境内・門前町を見ても、瑜伽との両参り信仰を示す工作物が讃岐側に見あたらない。七つの紀行文を見ても、「両参り」の文字は明記されていない。そういった状況からすれば、山本が指摘するとおり、瑜伽・金毘羅の

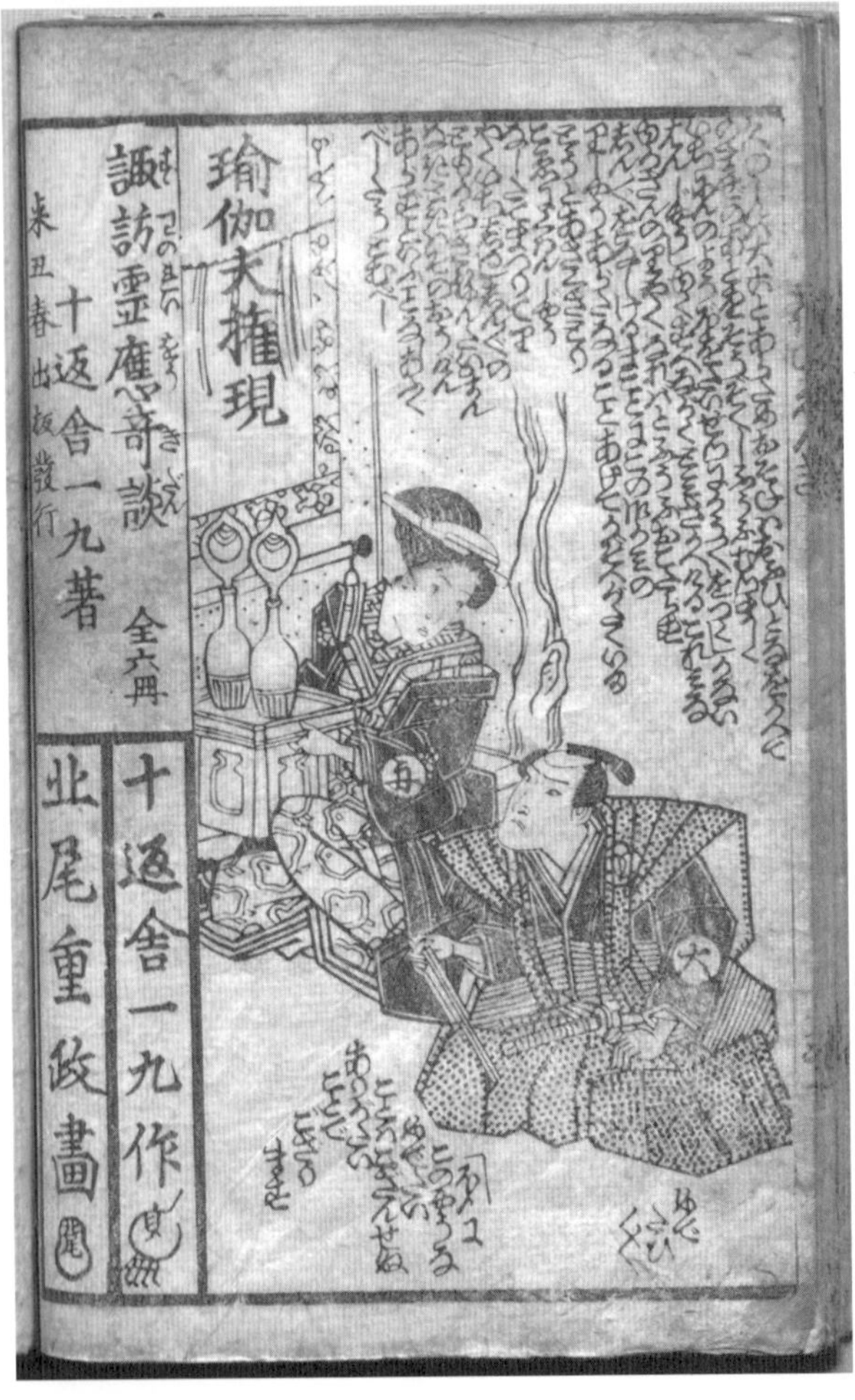

『男結花縁起』巻末（国立国会図書館デジタルコレクションより）

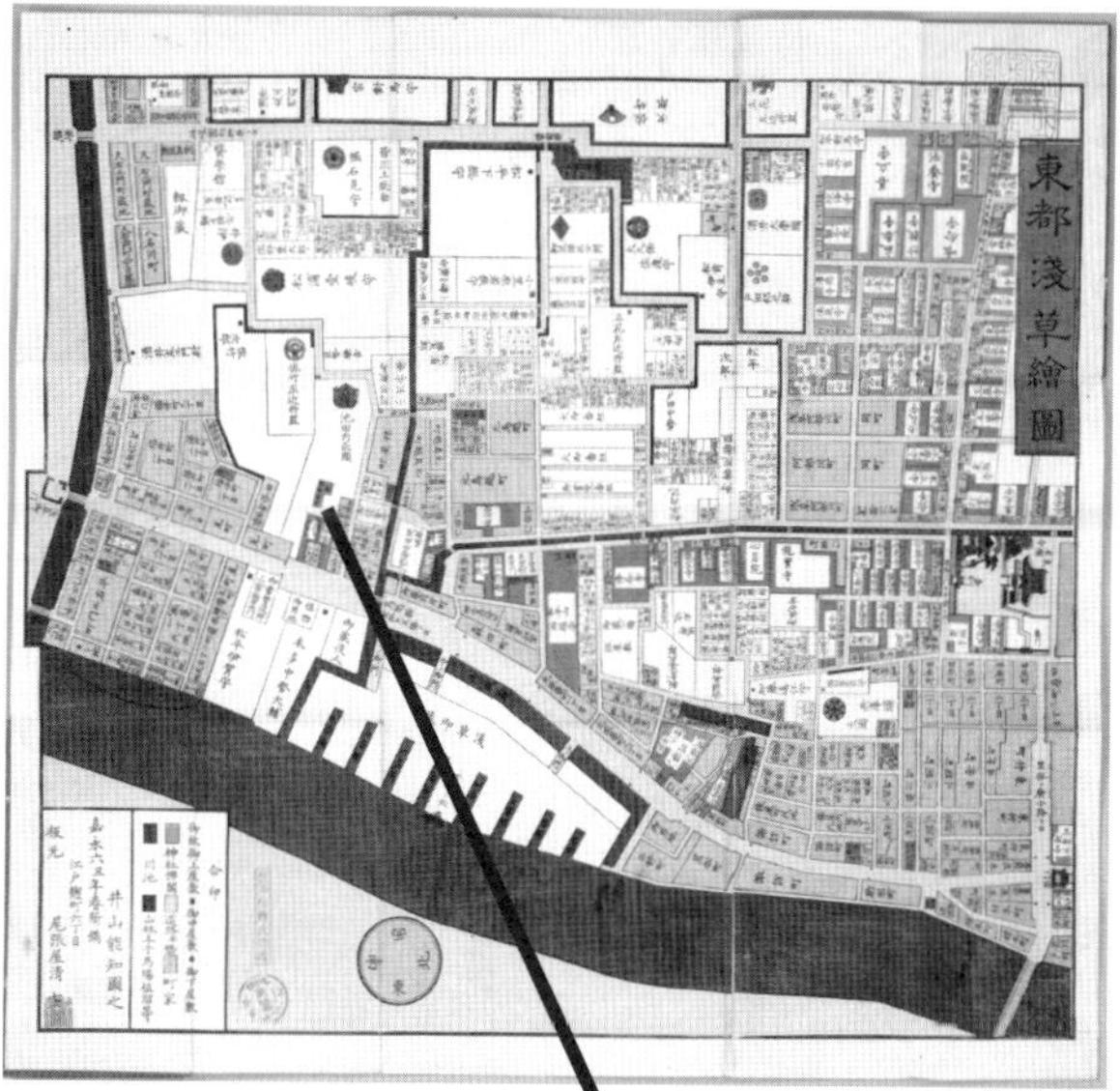

東都浅草絵図（尾張屋清七板、嘉永６＝1853年）
（国立国会図書館デジタルコレクションより）

両参りと言いながら主として瑜伽側でローカル的な盛り上がりをみせた信仰であったようにも考えられる。ただ、④「西遊草」には「瑜伽山は金毘羅と同体にして、あまねく人の参詣するところなり」とあるのが気になる〔清河八郎　1993『西遊草』岩波書店（岩波文庫）172頁〕。「同体」を現代用語で解釈すれば、瑜伽と金毘羅は〝一心同体〟、まさに〝両参り〟ということになる。しかし、後続の表現を加味すると、この場合の「同体」は「同じ体」、すなわち金毘羅と同じような参詣の盛り上がりが瑜伽でも見られるという意味であろう。従って、必ずしも両参りを直接表現しているわけではない。とは言え、交通の大動脈である西廻航路を南北の近距離から挟んでいる地理的特性や、讃岐金毘羅よりも先に瑜伽へ訪れた山形出身の清河が、瑜伽の参拝の繁盛ぶりを金毘羅のそれと同等視していること、そして伝承としての「両参り」習俗の存在などを最大限に考慮すれば、瑜伽・金毘羅の両参りは両者周辺の地域に必ずしも留まらない習俗であった可能性を想定してもよいのではなかろうか。

さて、口承では、両方へ参ることを当然とする言い方をしてみたり、片一方だけの参拝では十分な御陰を得られないと言ってみたりするものの、瑜伽と金毘羅の一方を先に訪れるべきとするような、参詣の順番に関する規定を耳にしない。瑜伽・金毘羅の両参りにおいて、この種の強制力はあったのだろうか。

七つの紀行文について出発地点を確認すると、紀行文①は愛知、②は大阪、③は栃木、④は山形、⑤は静岡、⑥は東京、⑦は群馬、というように、いずれも瑜伽・金毘羅よりも東の地域からの来訪である。紀行文⑥は時代が異なり、開国の影響等に伴う横浜港・神戸港の発展という要素が背景に加わっているが、いずれにしても瀬戸内海を西廻航路沿いに進めば、瑜伽参詣道が結線している日比・田の口・下津井を通って備後以西に行くかたちになる。この間、讃岐・金毘羅へ向かうとすれば、玉島・鞆（広島県福山市）などや多度津（香川県仲多度郡多度津町）の湊、多度津街道という選択肢もあるが、地理的にも交通網的にも、田の口や下津井から丸亀に船で渡り、丸亀街道を徒歩で金毘羅へ向かうのが効率的である。ならば、遠方からの来訪者にとっては、先に瑜伽を参ってから金毘羅へ向かった方がよさそうである。逆に、両参り信仰がそれを良しとしていないのであれば、意図的に先回りして遠方の金毘羅から参詣するかたちもありうる。ところが、七つの紀行文からその順番を探ると、紀行文①・③・⑦は金毘羅から瑜伽へ、②・④・⑤は瑜伽から金毘羅へ、そして⑥は先に立ち寄った由加で大権現に手を合わせていれば後者、由加では西屋に立ち寄って休んだだけで大権現を素通りしているのであれば前者、という具合になっていて、傾向らしい傾向がつかめない。七つの紀行文中において、瑜伽・金毘羅参詣はそれぞれ長い道中にあって極めて部分的な位置にしかないこと、従って、旅の目的や行程の前後関係が参拝の順番にある種の規制を与える可能性も大いにあることなどから、これらの史料から参詣順番の規定を考えることに無理があるとの指摘も免れまい。ただ、由加から琴平へ行き、再び由加に足を踏み入れた成島柳北のように、両者間の距離や交通網を考慮すれば、何らかの規制があってもそれを受容することはさほど困難とは考えにくい。他に適切な資料が見当たらないといった消極的な理由もあるにせよ、敢えて七つの紀行文からうかがってみると、瑜伽と金毘羅は両方ともお参りすれば良いだけで、参拝の順番に慣習的常識のような何らかの規制があるようには見えない。

事例の数が少なすぎるなど、本書には様々な課題が山積している。そうであるにしても、現時点でできることとして、瑜伽・金毘羅の両参り習俗は地元を越えた範囲の広がりを有する可能性があり、両方を参ることに意義があってその順番の前後は問わないものであったことを、七つの紀行文から読み取った。

（3）門前町の賑わい

備前最古の地誌とされている『備前記』には、児島郡山村は家数が96軒、人口がおよそ560人余の村であったことが記されている。ただし、同書に併記されている蓮台寺関係の記述には「此山一里麓まで人家なし」とあり〔就実女子大学近世文書解読研究部　1993　339頁〕、これに沿えば、『備前記』が編纂された元禄期（1688～1704）の頃は、門前町はおろか集落が形成されていなかった可能性がうかがわれる。その後、両参りで、この界隈は非常に賑わいを見せる。その繁栄ぶりについてはすぐに後述するとして、寛政年間（1789～1801）に作られた『吉備温故秘録』には、宝暦年間（1751～1764）から多くの参詣者が諸国よりやってきて繁盛し、以後、寛政に至るまでの間に年々山が開かれて旅宿屋が増えていったとある。ということは、瑜伽の町場は当初から門前町として、18世紀後半から形づくられていったことが想像される。

門前町の形成後、その繁栄ぶりは様々な紀行文等の中で触れられてきた。そこで、先に紹介した七つの紀行文も含めて、様々な資料を編年的に並べ、瑜伽に至るまでの参詣道中のことなども含めながら、門前町の様子を見てゆくことにしたい。なお、紀行文によっては仁王門や鳥居・狛犬など、境内の構築物に関する記述も見られるが、本書では門前町に注目するため、当該部分については強いて触れないことにする。

①筑紫紀行〜享和元年（1801）4月4日立ち寄り

辰の刻（午前8時前後）頃、吉田重房は田の口に上陸する。200軒ほどの町を目にして、重房は「余りにぎはゝしからぬところなり」との印象を抱いている。そこから由加まで三六丁（約3・924キロ）の道のりを歩き出し、二〇丁（約2・18キロ）ほど登ったところ（現・児島白尾）で茶屋に入って一息入れる。眼下には、讃岐の山々や丸亀城などが広がり、煙がかった山の緑や空に映える海辺の空気も巧みに絡み合っている。その様は、重房の心を爽快にさせ、立ち去りがたい気持ちを抱かせたほどの絶景であった。

さらに足を進め、瑜伽の二丁（約218メートル）手前の鳥居をくぐる。

そこから先、一丁（約109メートル）ほどの平坦地には、道の両脇に茶屋や宿屋が50〜60軒建ち続いていた。店先には女性が2〜3人いて、参詣者に向かって休息や、御膳・酒肴・うどん・そばなどを言い勧めて客引きをしている。重房は、言葉の違いを体感し、訛りに

（宮内庁書陵部所蔵資料目録・画像公開システムより）

も気を留めたが、とりわけ遠方の山深い由加の地にあって、みっともないのはほとんどおらず、彼女たちの華やかに高く結い上げた髪型や、厚化粧、艶《なま》めかしさに驚かされている。

『筑紫紀行』のうち、門前の様子も描かれた部分

この後無事に参拝を済ませた重房は、門前の西屋で休息をとる。重房によると、西屋は門前町の中でも極めて大きな茶屋で、店の女性も他と比べて美しく華やかで、配膳の振る舞いにも無礼がないという。そして、想像してい

た値段よりもたいへん安かったようで、これらすべてを「山中の美風」と思い知ったと、文中に記している〔柳田国男校訂　1979『日本紀行文集成第一巻』日本図書センター　607頁〕。

②日本九峰修行日記～文政元年（1818）9月5日立ち寄り

讃岐・金毘羅の参詣をしていないため、前節「両参り」では紹介しなかった資料である。そこで先ず、この旅行記の概要に触れておこう。

「日本九峰修行日記」は、日向佐土原（現・宮崎県宮崎市佐土原町）の修験・野田泉光院（成亮。1756～1835）が、諸国の名山・霊蹟を文化9年（1812）9月3日から文政元年（1818）11月6日まで、6年2ヶ月にわたって托鉢をしながら九峰を巡拝した折りの日記である。泉光院の言う九峰とは、英彦山・石鎚山・箕面山・金剛山・大峰山・熊野山・富士山・羽黒山・湯殿山であるが、修験道自体がこれらを「九峰」として固定していたわけではないようである。また、泉光院は石鎚山参拝を省略して後日に先送りしたため、実際には八峰巡拝の記録になっている。

泉光院は、野田氏が佐土原藩主島津家の修験として代々住していた安宮寺を、文化8年（1811）に58歳で致仕する。そして翌年、諸国に散在している山伏の実態見聞も兼ねて日向を発った。6年間の行程を大雑把に記すと、

- 文化9年（約4ヶ月）
  宮崎・鹿児島・熊本・長崎
- 文化10年
  長崎・佐賀・福岡・大分・福岡・山口
- 文化11年
  山口・広島・島根・鳥取・兵庫・京都・大阪
- 文化12年
  大阪・滋賀・福井・石川・富山・岐阜・長野・山梨

・文化13年
山梨・東京・埼玉・群馬・栃木・長野・新潟・富山・新潟・
山形・秋田・宮城・山形・福島・栃木・茨城・千葉
・文化14年
千葉・東京・神奈川・静岡・愛知・三重
・文化15年（約4ヶ月）※文化15年は4月22日に「文政」へ改元。
三重・和歌山
・文政元年（約6ヶ月）
和歌山・大阪・奈良・兵庫・岡山・広島・愛媛・大分・宮崎

となる。他の紀行文とは比較にならない長期旅行であるとはいえ、泉光院が訪れなかった地は北海道・青森・岩手・香川・徳島・高知だけに過ぎない（沖縄も未踏の地ではあるが、当時は琉球王国であった）。

泉光院が瑜伽へ立ち寄ったのは、旅もかなりの終盤にさしかかった頃になる。加えて、大坂から、瀬戸内海の大動脈である西廻航路に沿う大方の場合と異なり、陸路で神戸・姫路・岡山（美作市・津山市・岡山市）と進んでいる。岡山城下から一の宮（岡山市北区一宮）へ向かい、吉備津彦神社などを参拝した泉光院は、文政元年（1818）9月4日、高須賀（倉敷市）の源吉宅に一宿を求めた。翌日、源吉宅に笈《おい》（修験者などが仏具や衣類・食器などを入れる背負いの箱）を預けて瑜伽へ行き、その日の夕方に源吉宅へ戻っている。「旅籠屋、茶屋多し、繁盛の地也」と記しているように〔谷川健一（編）1969『日本庶民生活史料集成　第二巻』三一書房　247頁〕、泉光院が見た瑜伽の門前町は、既に商業地としてたいへん賑わっていたことがわかる。

③肥前鹿嶋様御国行日記～弘化3年（1846）閏5月6日立ち寄り

日比に宿泊した平野屋武兵衛らは、朝食を済ませた後、四つ頃（午前10時頃）から8人で瑜伽を目指して出発する。「山の鼻を廻り、裏へのり廻り、（中略）裏より表へまわる所、その山鉢山のごとく、けいしよく（景色）よろし、殊に雨のそばへ南の風つよく、山のすそへ汐打かけ、六人して漕廻る處、しばしの内いさぎよし」とあることから、一行は海路で瑜伽へ向かったようである。三里（約11・781キロ）先にある瑜伽の参拝を済ませたのは、九つ過（正午過ぎ頃）のことであった。

武兵衛もやはり、参道両脇に茶屋が多くあり、出入り口にいる女性2～3人が口々に呼び込みをしていたことを書き記している。仁王門の内外に茶店・焼き餅・餡餅売りが2、3軒あったことにも触れている。また、瑜伽の南に見える瀬戸内の海と丸亀城・飯野山（俗に言う讃岐富士）などの風景についても、素晴らしいと述べている。

参詣後の八つ時（午後2時頃）過ぎ、武兵衛らは小綿屋清蔵という茶屋に入って昼食を食べた。小綿屋は田の口参道と日比参道の交差点にあったという。店内には女性が3、4人おり、三味線などを持ってきたのだが、中には眉毛を墨で書いた30歳ほどの女性もいて、備前なまりで大坂の流行歌を歌ったそうである。お銚子（酒）3、4本に、鯛片身いり付（鯛の半身を煮詰めたものか?）一鉢、羊羹《ようかん》一鉢、作り身（魚の切り身・刺身）一鉢を肴（つまみ）にしたが、武兵衛はこのつまみの値段が非常に高かったと記している。御膳には飯と、非常に小さな鯛の切り身一つ、平椀として高野豆腐一つ、干瓢《かんぴょう》一つ、椎茸二つ、菜、筍があり、8人分で総額金一分と銭三百文を支払っている。

④金毘羅参詣名所図会～弘化4年（1847）発行

著者の暁鐘成（1793～1860）は、浪花（大坂）の有名な読本（小説の一種）作家で、名所図会（地誌・ガイドブック）の代表的人気作家でもある。本書は鐘成にとって2作目の名所図会であり、弘化3年（1846）閏5月の初めの金毘羅参詣と、その後6月末までの遊覧をもとにして執筆されたものである。

ここでは瑜伽参道の起点になる日比・田の口・下村・下津井の湊風景と、瑜伽門前町に注目してみよう。

先ず、参詣道の各湊について、鐘成は日比のことを、船が停泊する浦里で、人家が多く家々が建ち並び、商工の乏しくはない地であると紹介しているが、ここには瑜伽参詣との関わりには触れていない。

一方、田の口については「中国西国往返の通船風波を凌ぐ泊とし且瑜伽山の麓なるが故に参詣の諸人ここに着岸し」と記しており〔暁鐘成 1998『金毘羅参詣名所図会』臨川書店 53頁〕、瑜伽へ向かう際の乗り換え地点になっているこ

日比之浦（香川県立図書館蔵）

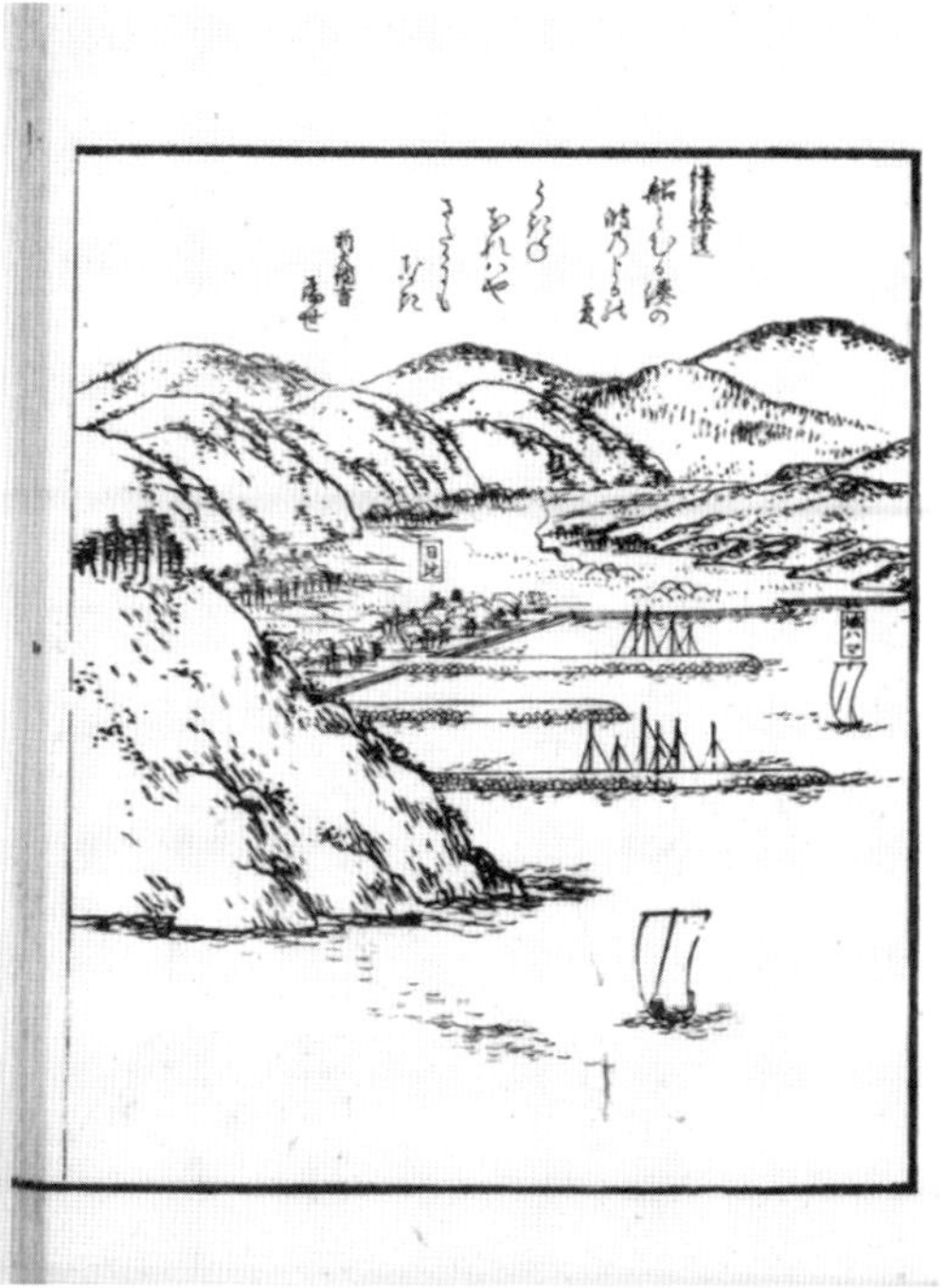

『金毘羅参詣名所図会　1』

とが明示されている。鐘成はさらに、田の口が讃岐・金毘羅参詣の旅人にとって丸亀へ渡る際の船場であることや、参詣道で田の口名産として木綿打紐や真田織や小倉織を所狭しと並べて旅人に売る店々があること、それら名産品はいずれも綺麗で土産品として打って付けで買い求める旅人が多いことを取り上げ、田の口が非常に賑わっている船着き場であると書き記している。ちなみに、丸亀への船は夜

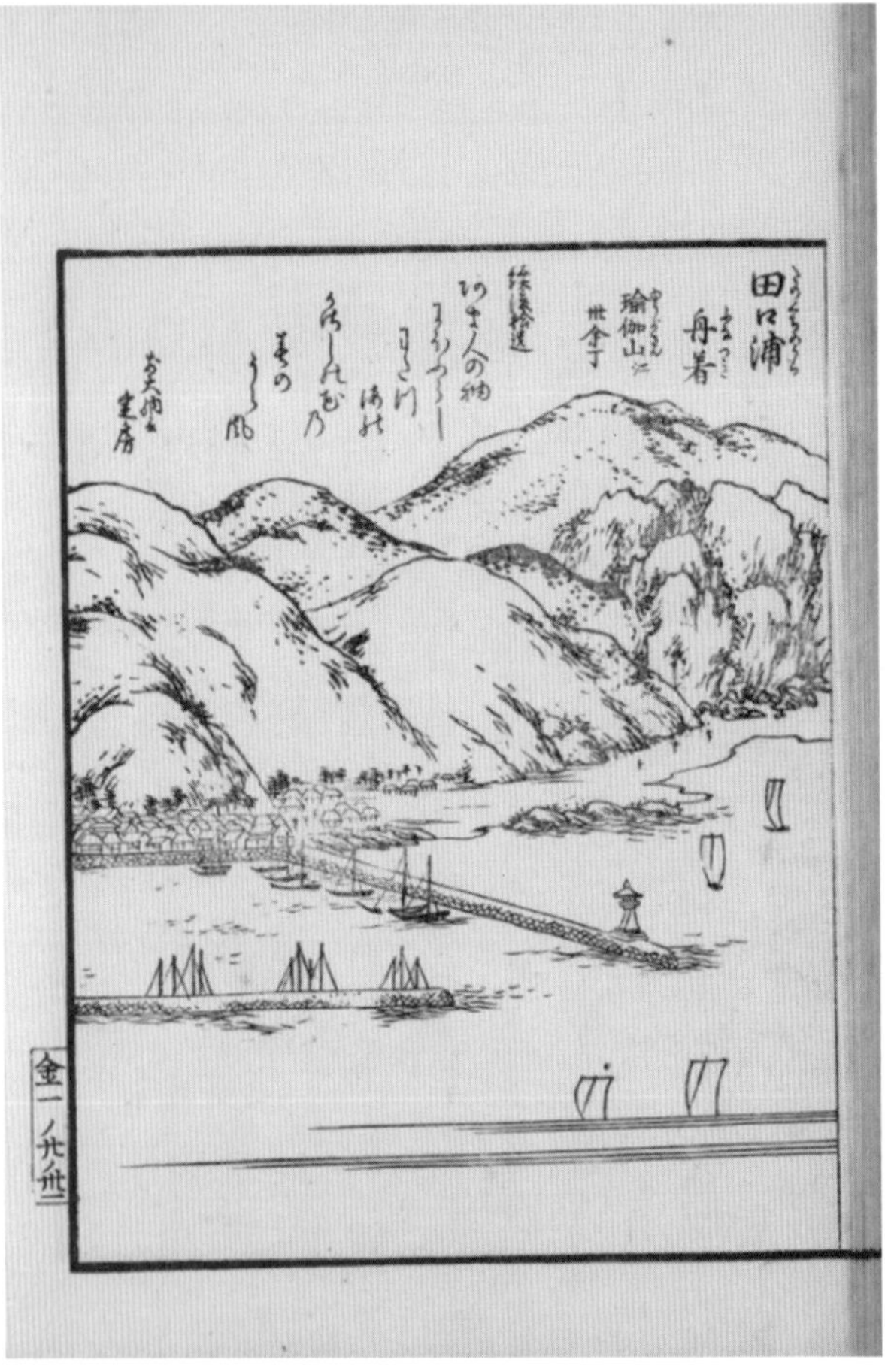

田口浦舟着（香川県立図書館蔵）

『金毘羅参詣名所図会　1』

田の口の名産品商家（『金毘羅参詣名所図会』掲載・
香川県立図書館蔵）

に田の口を出航し、翌朝に到着するのが通例であるが、貸し切りの場合は客の要望にあわせて昼夜を問わずに運行してくれるとある。瑜伽までの距離や参詣道の所々に丁石があることも併記しており、田の口経由での瑜伽・金毘羅参詣ガイドブックとして、様々な情報の提供がなされている。

田の口の約一八丁（約1・962キロ）西に位置する下村の紹介でも、通船の便の良さ、瑜伽参詣時の上陸湊としての位置づけ、讃岐・金毘羅参詣や四国遍路などで瀬戸内海を渡って丸亀湊へ向かう際の交通網上にあることを示しており、下村が田の口と同等の機能を果たしている港町であることがわかる。しかも、夜に出港する船があり、朝に湊入りする船があって非常に繁華していたという。瑜伽との関わりでは特に、湊絵の中に「濱辺に金毘羅瑜伽等の両神の鳥居あり」との筆を入れており〔暁鐘成　1998『金毘羅参詣名所図会』臨川書店　58頁〕、いわゆる両神鳥居の存在も明らかにしている。入り江の奥、灯籠に挟まれるようにして描かれている鳥居が、瑜伽・金毘羅の両神鳥居であろう。

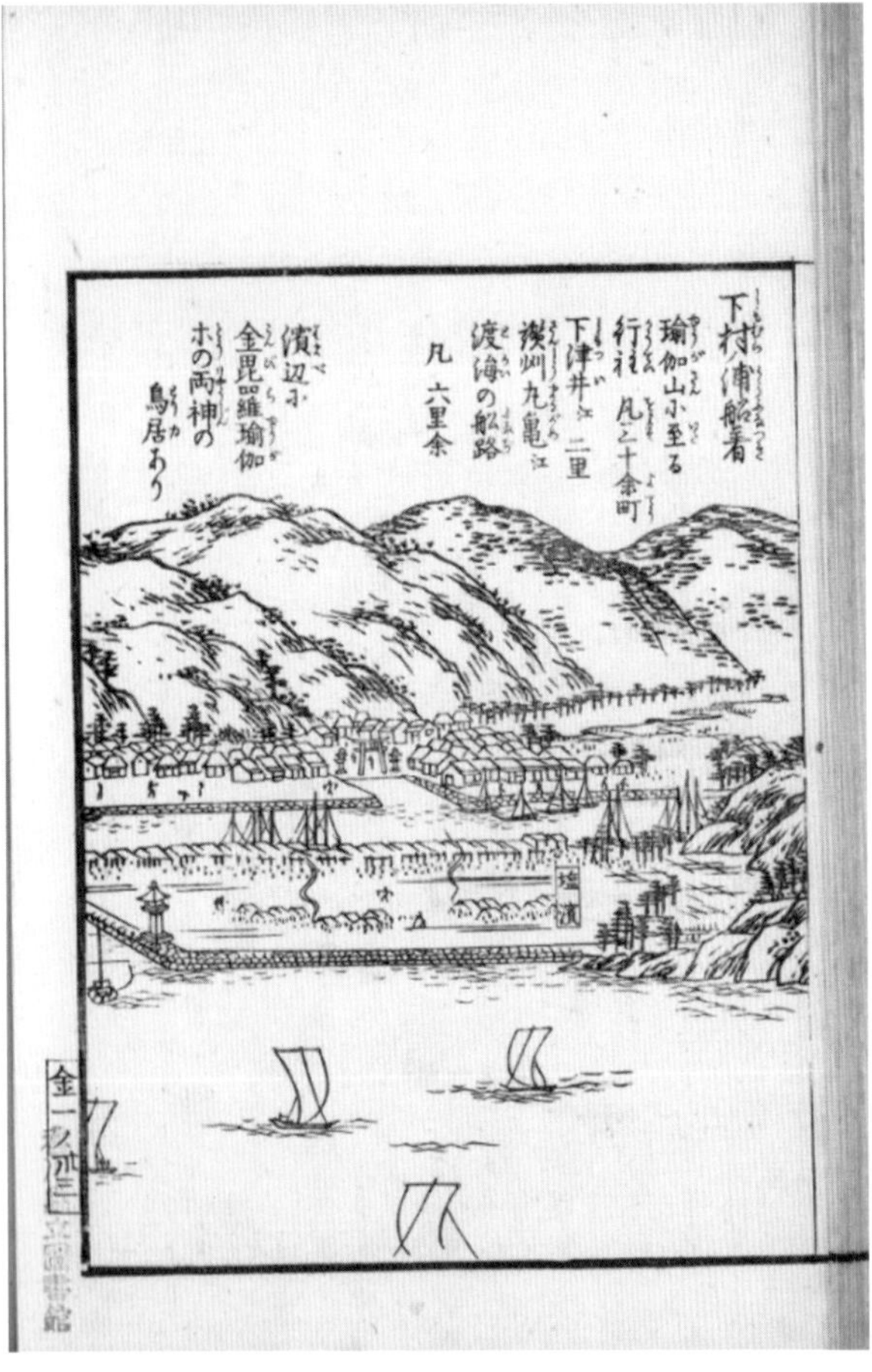

下村ノ浦船着（香川県立図書館蔵）

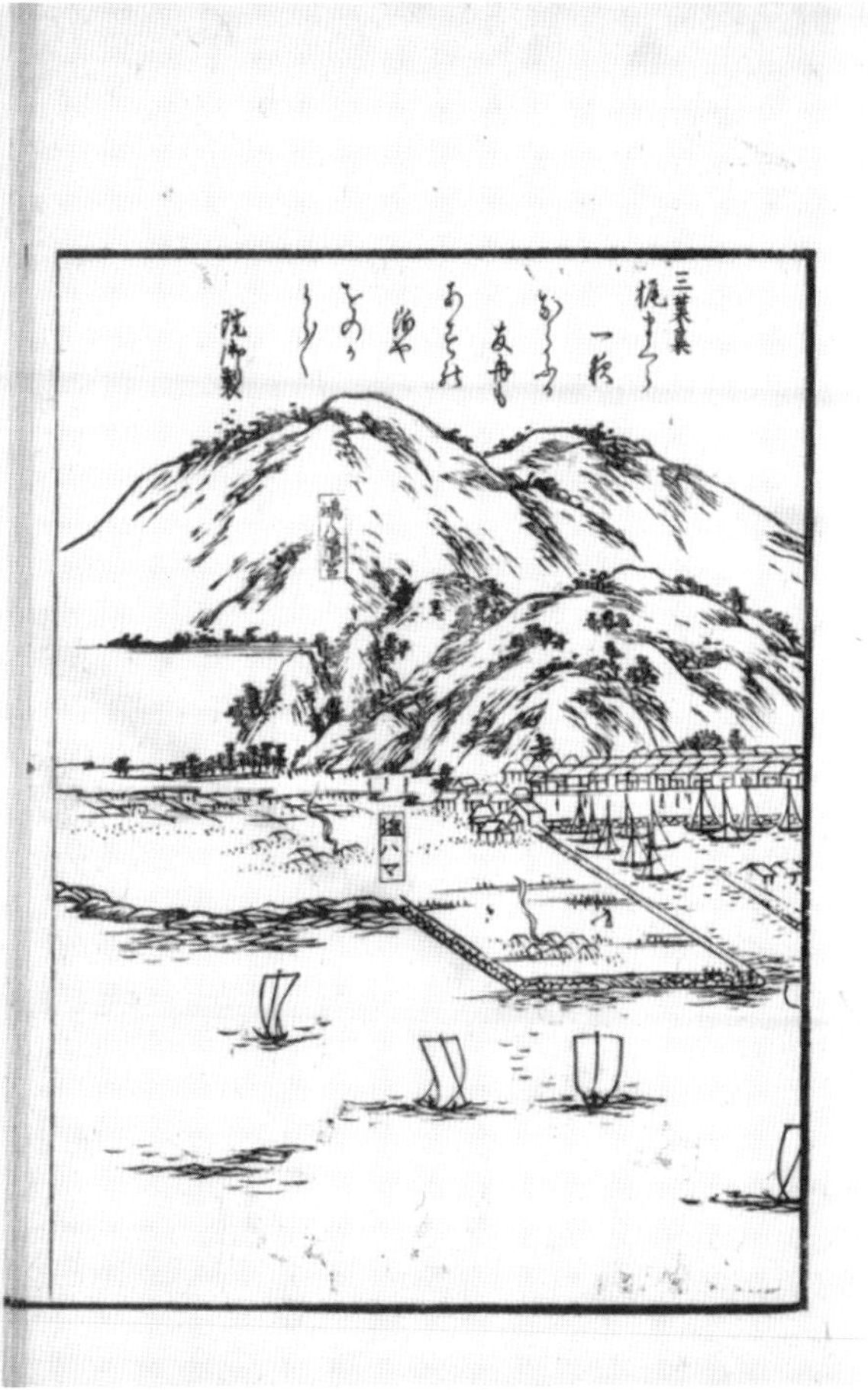

『金毘羅参詣名所図会　1』

『金毘羅参詣名所図会』ではこの後、瑜伽と門前町の紹介に移るが、本書では便宜上後述するとして、先の下津井へ移りたい。

下村から二里（約7・854キロ）ほど離れた下津井は西廻航路上の重要港湾で、金毘羅参詣はもちろん、四国遍路や出家、武士、商人の往来で、四六時中、都会人

下津井ノ浦・その１（香川県立図書館蔵）

も田舎の者も、老若男女に関わらず、「児島郡南濱の第一」の活況を呈していたとある〔同89頁〕。他に、瀬戸内の多島美や四国連山の景勝美、鮪は鮪でも下津井産の鮪はとりわけ美味であるとの評判などにも触れられているが、瑜伽への案内に関しては記述が見られない。

『金毘羅参詣名所図会　1』

次に瑜伽門前町の記述について、ガイドブックだからか、境内や由緒書きについて文章と絵で非常に事細かく紹介している。門前町を描いた絵の中には、

『金毘羅参詣名所図会　1』下津井ノ浦・その２　（香川県立図書館蔵）

二《（ママ）》王門礎道《いしだん》下旅籠《はたご》屋
此辺の左右旅籠屋多く建
つゞきて　詣人の泊支度を
進む　何れも家建奇麗《きれい》
なり　商家の店に紙をもて
作る赤き幟をひさぐ　尤《もつとも》
神使白狐の図あり　詣人
いづれも求めて家
土産とす　且《かつ》木
綿のうちひも
真田織なる小倉
の帯地など商ふ
家多し　是
を名産とす

御守の箱　御山の図等を
売《うる》家は町の中間　参詣の
左の方にあり

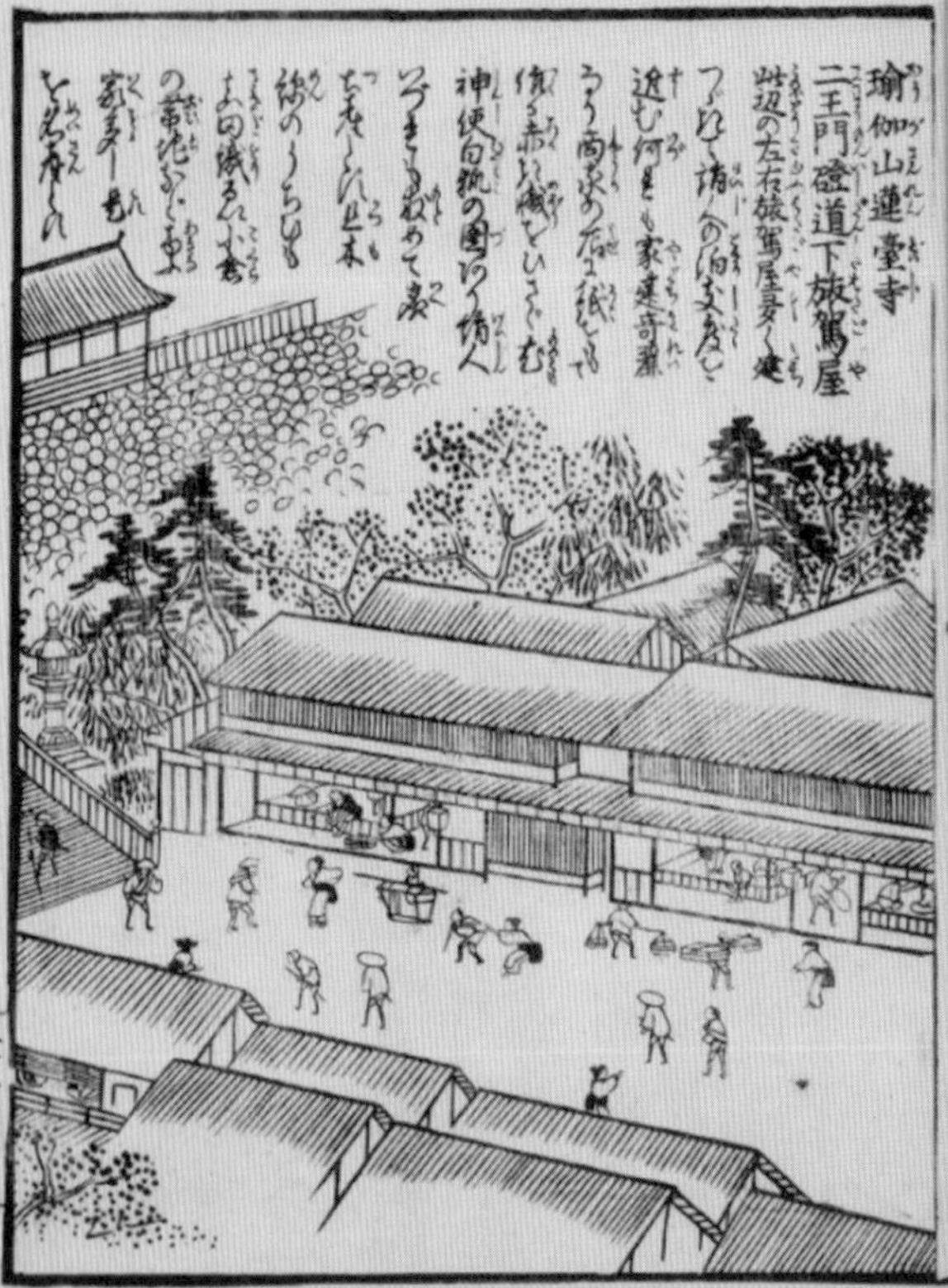

瑜伽山蓮臺寺（香川県立図書館蔵）

『金毘羅参詣名所図会　1』

と綴られている〔同64～65頁〕。宿の多さや名産品のことなど、瑜伽の門前町が現在で言うところの観光地であったことが改めて分かる。加えて、瑜伽の鬼退治伝説に登場する神狐の図や瑜伽山図など、瑜伽信仰や参詣行為に直接関わる物品にも目が向けられていて、遊山と物見の両方を兼ね備えた参詣案内になっている。

⑤神路山詣道中記～嘉永元年（1848）3月5日立ち寄り

資料の概要は先述のとおりで、阿久津正右衛門ら一行は3月4日九つ時（深夜零時頃）に丸亀を出帆している。翌日、田の口湊に到着して瑜伽を参拝したが、その日のうちに田の口へ戻り、以降はどこにも寄らずに室津へ到着している。

正右衛門は境内や門前町、はたまた参詣道中の様子や出来事、感想などについて、まったく書き残していない。しかし、瑜伽を参詣したことは明記しているため、本書では割愛せずに取り上げた。

⑥伊勢金比羅参宮日記～嘉永3年（1850）3月8日立ち寄り

筆者の栗原順庵は、下村参道を通って瑜伽へ歩を進めている。途中、特に難所はなく、下村参道にも小倉（小倉織）を商う小屋があったことが、順庵の記述から分かる。

瑜伽については「霊地なり。門前茶屋多し」としか記していない〔金井好道（編）1978『伊勢金比羅参宮日記』私家版 44頁〕。

⑦西遊草～安政2年（1855）5月14日立ち寄り

清河八郎母子らにとって、藤戸から南下して瑜伽に至る林参道の坂道は大して苦労するものではなかったそうである。参詣人の多さや境内の様子、白帆が往来する瀬戸内の海と多島美、四国連山の絶景に目を奪われたのは、清河も同じであった。

仁王門下の一丁（約109メートル）にわたって両脇に連なる茶屋を目にし、

客を引く女性の非常にかしましい声や鐘・太鼓の音を耳にする。門前の茶屋は、『筑紫紀行』の吉田重房や「肥前鹿嶋様御国行日記」の平野屋武兵衛など、既に遠国からの旅人を相手に商売をしていたが、清河には地元の人々が楽しむ店に見えたようで、旅の者を寄せ付けない雰囲気を感じ取っている。

⑧金毘羅参詣道中日記～安政3年（1856）3月9日立ち寄り

板倉六平ら掛川宿（静岡県掛川市）近傍の6人一行も、林参道を通っている。藤戸からの道筋には小倉を織る家が多数あり、同行者の大井久兵衛が小倉帯をたくさん購入したことが、日記に書かれている。

一行の瑜伽での様子は「四国手に取様にみゆる、風景よし」とあるだけで、淡泊な記述に留まっている。門前の様子よりも四国連山などの風景に気を取られたようであるが、東海道の宿場町の近郷に住む彼らにしてみれば、瑜伽門前町の繁栄ぶり自体はさして驚いて書き記すほどのものではなかったのであろうか。

⑨航薇日記〜明治2年（1869）11月4、7〜8日立ち寄り

成島柳北も林参道を通過しているが、前出の「西遊草」や「金毘羅参詣道中日記」に比べれば記述がやや詳しくなっている。

道中については、植松の渡しを過ぎて尾原までは田地を歩き、尾原では「備前の小倉織真田紐をひさぐ家」に立ち寄って購求したとある〔成島柳北ほか　1969『明治文学全集4　成島柳北 服部撫松 栗本鋤雲集』筑摩書房　104頁〕。この時、柳北たちに何があったのかまでは不明であるが、店の老婆の頑固さに驚いたことにまで触れている。尾原・由加間は山道を進む。渓水が流れ、石菖（サトイモ科の多年草）が多く生い茂っている。それらの絶景を目に納めつつ、幾重にも石を築いて田地を開き、山腹まで稲を植えていることに、かなりの驚きを示している。瑜伽に到着しても、松が多く、珍しい石がはげしくそびえ立ち、その間にツツジや蘭が多く繁っている様を取り上げ、「真に一佳境というべし」と賞賛の意を表している〔同104頁〕。

瑜伽の楼門に立った柳北は、門前町を「一道の街衢《がいく》漸々に低く左右の酒楼熱閙《ねっとう》驚くべし」と記している（同104頁。ルビは筆者による加筆）。一筋の道に家々が建ち並び、道路両脇の料理茶屋が人混みで激しく騒がしい、すなわち大繁盛している様子が分かる。柳北は瑜伽参拝の後、西屋で休憩する。酒は美味しいし魚は新鮮で、鶴香という芸者の歌や踊り、太鼓なども優れている。鶴香は3年前に都会から由加に来ているが、いまだに田舎っぽくない。三吉、栄次も加わってさらに盛り上がる。髪型は皆、奴結びであった。このような具合に柳北は西屋の様子を述べ、絶景に囲まれた山深い地にこれだけの繁華街があることを、非常に意外に感じている。

西屋から南下し、峠の村（現・児島白尾あたり）を通過した頃から山腹は田圃になる。そして田の口へ到着した柳北らは金毘羅を詣でる。ところがその後、近世期の紀行文では見出せなかった行動が展開される。1度訪問を済ませた由加の地に、再び田の口から向かったのである。田の口では、藤屋の主人に熱心な勧誘を受けたが、酒・食事の味を知っていたため、主人の袖を払って逃げ出したそうだ。白尾あたりを越え、山上から南面を望むと、四国連山がまるで目の前にあるような風景になっていて、立ち去りがたい感情を抱いている。日暮れ時に由加へたどり着いた柳北らは、またまた西屋の暖簾《のれん》を潜る。讃岐からはやく戻ってきたことの祝いと称して酒盛りをし、鶴香・三吉・栄次や阿愛などの芸者も呼び集めて楽しい時間を過ごす。特に鶴香の才能を気に入ったようで、彼女の歌まで「航薇日記」で披露している。宴たけなわになると、さらに千代鶴と阿常という2人の芸者を加える。千代鶴は西屋の隣の煙草屋という酒楼の女性であるが、浪速出身の上品な人であった。柳北は、錦のような美しさを持つ千代鶴に惹かれて一晩を過ごす。翌朝、顔に何かが当たる。見れば、千代鶴の釵子《さいし》（前髪の正面につけた飾りの平額《ひらびたい》）であった。柳北は、釵子の先が長いから当たったのであろう、このようなことも旅の面白みであると述べている。

目が覚めても酒を飲み〱、西屋は店が綺麗で酒や肴も美味しい、うどんも東京にはないほどの良い味であるなどと書き続けている。9時、いよいよ西屋を出て瑜伽参詣をするという時に、鶴香や千代鶴をはじめ西屋の人々がみんなして送り出してくれた。次に会える時など、いつのことになるのか分からず、名残惜しく思うのも当然であろう、なども綴っており、西屋に対する柳北の余程のお気に入り様や満足感が伝わってくる。

由加来訪自体こそ明記されていないが取材で訪れたであろう暁鐘成の例も含め、以上9点は実際に由加の地を訪れた旅人らの目に映った瑜伽や門前町、参拝道中などの様子である。他方、実地見聞の実体験が懐疑的であったり、詳細不明であったりするものの、門前町の様子に触れている資料が3点あるので、併せて紹介しておきたい。

(a) 十返舎一九　1829『男結花縁起』山本屋

江戸時代後期の戯作者（通俗小説作家）・十返舎一九（1765〜1831）が文政12年（1829）、65歳の時に刊行した合巻《ごうかん》（草双紙〜大衆向け絵入り小説～の一種）である。序文によると、一九は瑜伽参詣後に西屋で休息をとっていた折り、同じ参詣人から瑜伽の霊験による仇討ち話を聞かされたことから、その貴重な話をそのまま書くべく、『男結花縁起』を綴ったという。

序文中には、瑜伽参詣の動機や道中・門前町の様子なども、次のように記されている。先年、讃岐・金毘羅を参詣した帰り、丸亀から出航した船が荒波にのまれた。辛うじて難破せずに下津井へ到着したが、その際、備前出身の1人の水夫が、瑜伽を一心に信奉している御陰で無事に到着できたと話した。これを聞いて、瑜伽参拝を決心し、海路で田の口へ進み、参詣道を歩き始めた。途中、二〇丁（約2・18キロ）のところで茶屋に入って一息入れ、さらに一三～一四丁（約1・5キロ前後）先で鳥居をくぐると、平坦地になった。そこには、茶屋が50～60軒ほど、道の両脇に連なり、各店の前には女性が2、3人、客引きをしている。言葉の違いや訛りはあるが、容姿はいずれも美麗で、髪を高く結い上げ、厚化粧である。山深い地の様子としては滅多にないことで、心が楽しまされる。

『浮世道中膝栗毛』初編冒頭に掲載された、浮世絵師・一楽亭栄水による十返舎一九の肖像画（神戸大学附属図書館デジタルアーカイブ　貴重書・特殊コレクション「道中膝栗毛（存16巻）」より）

「田の口へ渡り是より三十六町」と記したところで丁（ページ）が表から裏へ変わり、見開きで「備前国瑜伽山蓮臺寺自性院堺内畧」を掲載したのち、「瑜伽山にいたり。坂道廿町の」と本文が続く。この後、瑜伽の境内などの様子に続いて、山上から眺める瀬戸内の多島美と四国連山の素晴らしさに触れ、さらに参拝後に西屋で休憩したと書いている。ちなみに西屋は、門前の茶屋のなかでも最も優れた大きな茶屋であるとしている。

ところでこの記述内容、既に酷似したものを目にしていないだろうか。先述の通り、小林寛子や中山尚夫が『方言修行金草鞋』との比較において類似性を指摘している『筑紫紀行』と非常に似ている。客引きの女性を「みっともないのはほとんどいない」と言うか「皆、美麗である」とするか、彼女たちの様子に「驚いた」と書くか「心が楽しまされる」と筆を走らせるか、その種の表現の違いこそあれ、大筋の文章構成がここでも『筑紫紀行』に非常に似ていることに気づく。

鳥瞰図（国立国会図書館デジタルコレクションより）

十返舎一九『男結花縁起』のうち、序文中に挿入された

(b) 十返舎一九 『諸国道中金の草鞋 二四 西国陸路』嵩山堂

筆者の手元にある同書の奥付を見ると、刊年が記されていないものの、「明治弐拾九稔六月拾弐日求之於嵩山堂」との書き込みがある。また、序文には「十返舎一九遺稿」とあり、後世の再版本であることが確認できる。浮世絵の研究などで知られる林美一《よしかず》（1922〜1999）の編次分析を合わせ考えると、当該資料は明治期に刊行され、一九の『金草鞋』としては現在最も流布している版のものであることが分かる。

このような書き出しをしたのには理由がある。一九の『金草鞋』シリーズはもともと『方言修行金草鞋』の表題で、文化10年（1813）に錦森堂森屋治兵衛を板元として世に送り出されたものである。一九亡き後も、天保5年（1834）まで出板され続け、『東海道中膝栗毛』をはじめとする「膝栗毛もの」とともに、一九のベストセラーになった作品である。それだけに、とでもいうべきなのであろうか、中山尚夫は改編された伝本が多いといい、林美一も「呆れるほど（初板本の）伝本が無い」と明記して当惑の色を隠さ

『金草鞋』明治期再版本（吉原 睦所蔵）

ない〔林美一（校訂）１９８４『方言修行金草鞋 江戸見物（初編）』河出書房新社 82頁。カッコ内は筆者が加筆〕。全25編もしくは24編というのが従前の説であったが、林は26編説を提唱しており、中山も完全な姿が未だ判然としていないことを指摘している。林によると、『方言修行金草鞋』の25編「肥前長崎の滑稽」と26編「安藝宮嶋の記行《みちのき》」が西国道中陸路編の前後編で、いずれも天保５年（１８３４）に刊行されたとしている。中山の「十返舎一九年譜稿」を見ても、「肥前長崎記行の巻」前後編が25編・26編として同年に刊行されたことになっている（中山尚夫　２００２『十返舎一九研究』おうふう　２６１～２６２頁）。長崎から長府（山口県下関市）までが前編、以降大坂までが後編であり、従って、いずれにしても瑜伽が登場する『金草鞋』は、一九死後にはじめて日の目を見た作品ということになる。ちなみに嵩山堂の『諸国道中』は、『方言修行』の「原板の刊記や編次を削って後に勝手に順序をつけた改編本」で「前後錯綜してどれが本来の編次であるか実に不可解極まるものになって」おり（林美一（校訂）『方言修行金草鞋』71頁）、『方言修行』25編と26編が『諸国道中』24編としてまとめられている。

　さて、西国陸路、つまり山陽道のうち、備後最東端の神辺（広島県福山市）から備前岡山城下までの宿場町を順に挙げると、高屋・七日市（以上、井原市）・矢掛（矢掛町）・川辺（倉敷市）・板倉（岡山市）になる。手元の『諸国道中』24編をめくっても、宿場の掲載順序自体は変わらないが、「河辺」と板倉の間に「瑜伽山大権現」を見開きで挟むかたちで掲載している。瑜伽と門前町の絵に添えられた文章には、「かわべ《川辺》のしゆく《宿》よりとほ《遠》からざるゆへ《ゆえ》わうらい《往来》の人く《人々》みな《皆》こゝ《ここ》にさんけいす《参詣》」とあり（ルビは筆者が加筆）、川辺宿から瑜伽へ向かう参詣者の人波が脳裏に浮かぶ。ところが下記のように、これに続く文章が悩ましい。麓から二〇丁（約2・18キロ）ほど登ると景色がよく、綺麗な茶屋がある。さらに一三〜一四丁（約1・5キロ前後）進むと石の鳥居があり、その先一丁（約109メートル）は道の両脇に宿屋や茶屋が建ち並んでいて、化粧をした女性たちが客引きをしている。帰りに茶屋「西屋」に立ち寄って昼食をし、板倉へ向かった、と書かれているのである。これはまさに、一九自身の戯作『男結花縁起』序文と酷似しており、『筑紫紀行』に遡源を求めることのできる内容である。つまり、『諸国道中金の草鞋二四　西国陸路』では、田の口から瑜伽へ北上する参詣道の態様が、川辺から瑜伽を参拝して板倉へ抜ける道筋のものとして記されていると言ってよい。この指摘が間違いなければ、山陽道中の記述に、無理矢理整合性を整えて瑜伽の項を挿入した可能性が浮かび上がる。初板の『方言修行』版の特定が極めて困難であるとされる中で当初から、すなわち一九が生前に自ら瑜伽

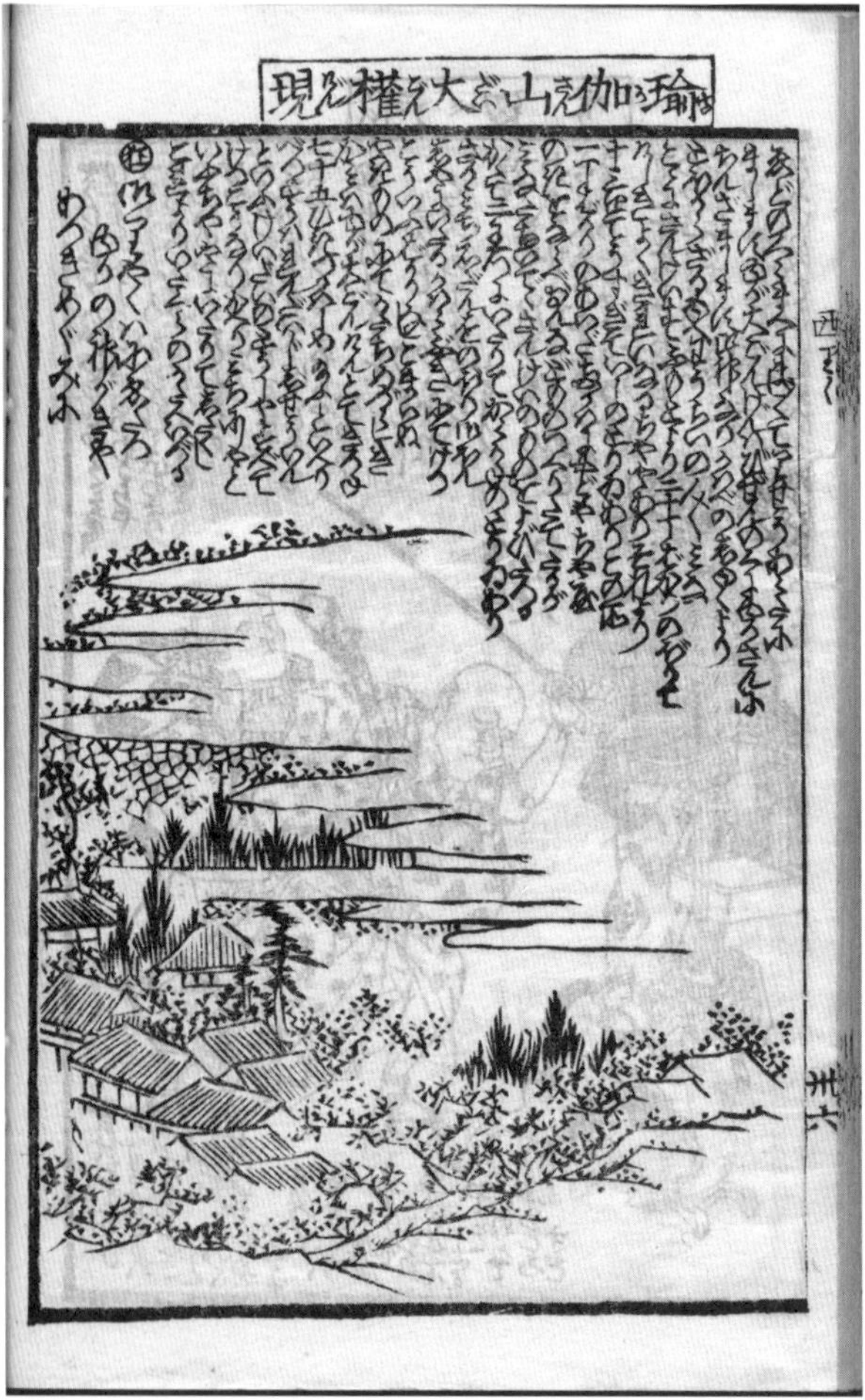

（明治期・嵩山堂版）のうち「瑜伽山大権現」部分（吉原 睦所蔵）

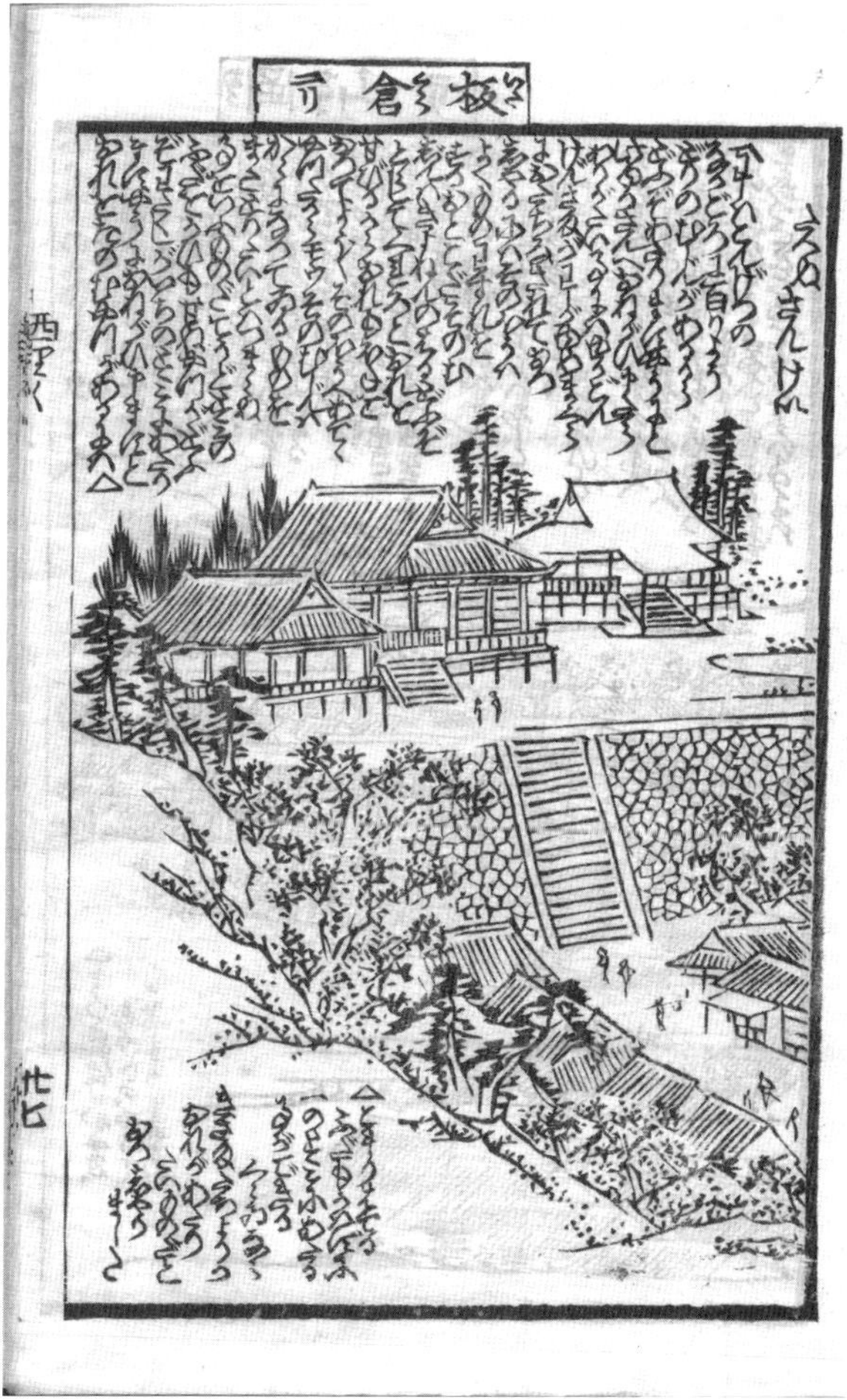

十返舎一九『諸国道中金の草鞋　二四　西国陸路』

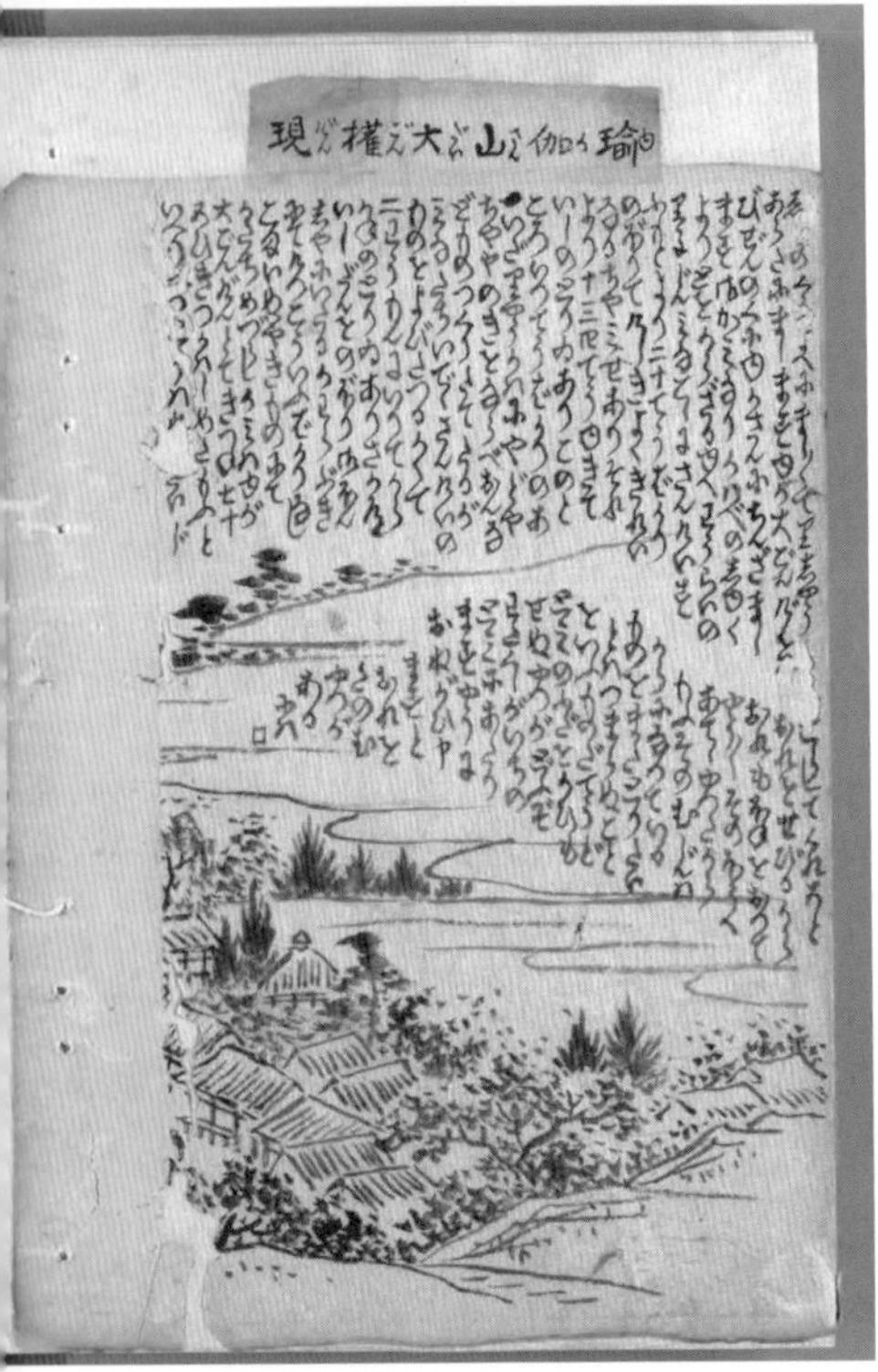

（国立国会図書館デジタルコレクションより）

山の項を追加補足したのか、あるいは一九没後の出版時に第三者による差込改編があったのか、筆者には正確には分かりかねる。ただ、国立国会図書館所蔵の「自筆稿本」と比較すると、前記の引用部分では往来の「人〳〵」とあったところが「りよじん《旅人》」になっている等の微細な違いはあっても、距離の数値を含めた行程の構図は同一である。当該資料が真に一九自筆であるのか否か、筆者はま

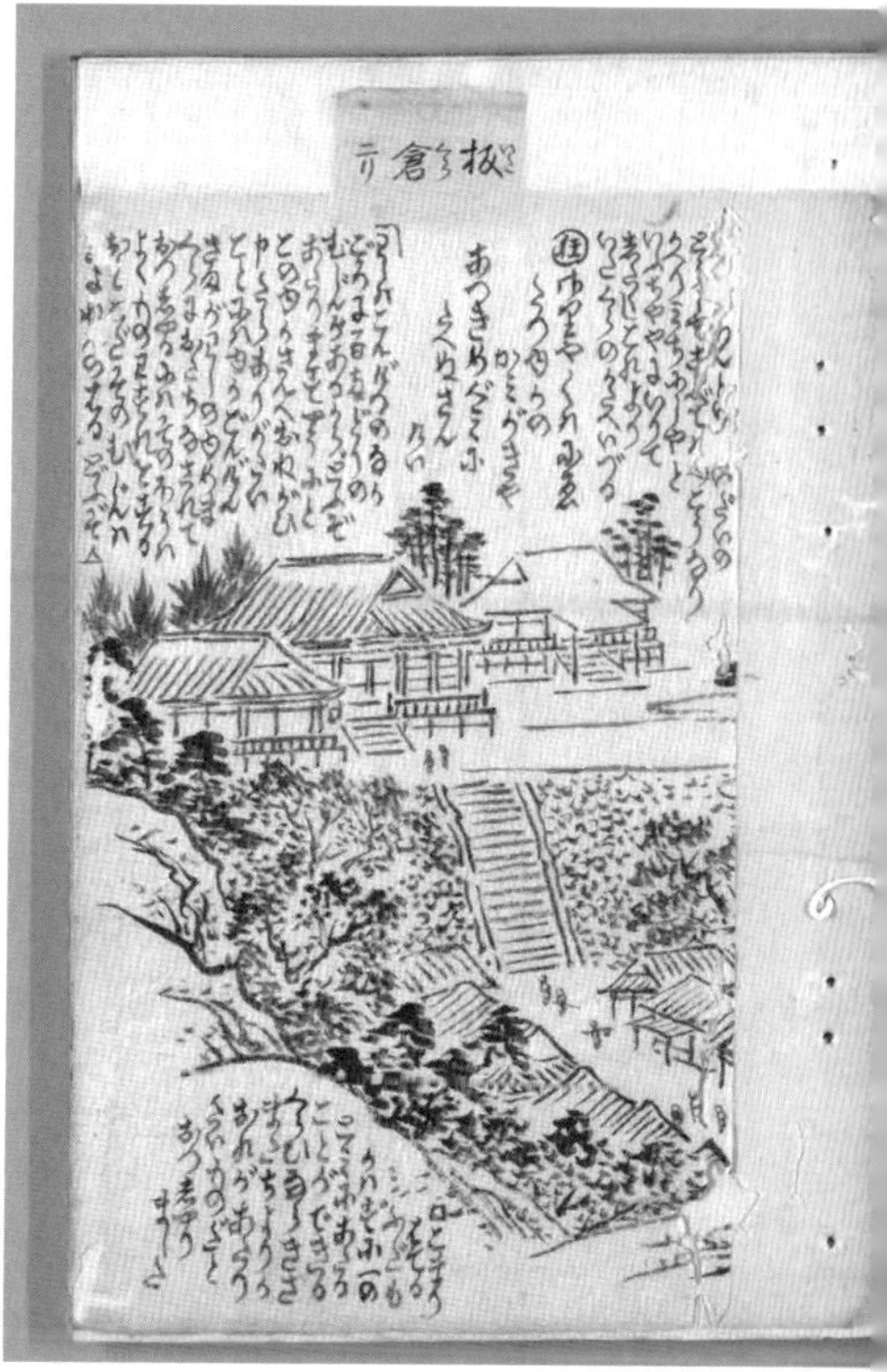

十返舎一九「方言修行金草鞋」二六編・自筆稿本のうち「瑜伽山大権現」部分

だ検証しえていない。そのように断った上で、一九自らの筆によるものとして扱えば、一九没後に当該部分が第三者によって勝手に挿入されたようには思えないことになる。

いずれにしたところで、山陽道の間を割って登場する唐突感や不自然さが否めない著作になっていることには違いなかろう。

(c) 上田文齋 1890『内国旅行 日本名所図絵 山陰及山陽道之部』 嵩山堂

明治21〜23年(1888〜1890)に発行された旅行案内である。明治以降の五畿八道を目安に、『五畿内之部』『東海道之部』『東海道続之部(東京及近傍名所獨案内)』『東山道之部』『陸前・陸中・陸奥・北海及北陸道之部』『山陰及山陽道之部』『南海道・西海道之部』の全7冊から成り、名所旧跡などが絵入りで紹介されている。

このうち『山陰及山陽道之部』に、「田口港之景」と「瑜珈山之景」が掲載されている。田の口については、瑜伽の麓の地であること、金毘羅参詣者にとって丸亀に渡る要の地であること、港の際には宿が軒を連ねていること、名産に木綿組紐や真田織があること、が触れられている。また、絵はないものの下村浦が繁華街であることも記されている。

瑜伽の開祖や境内の様子を簡単に綴った後、門前町に関する記述が次の通りなされている。

石階重畳挙《よ》ぢ登り山門に際し茶亭《ちゃみせ》あり、茲《ここ》に南方眺むれば讃岐の翠峦《すいらん》島嶼や、丸亀港を一眸《いちぼう》にして樹色靄々《あいあい》煙を含み、波濤輝々日に映じ實《じつ》に画中の如くなり、此山路《このさんろ》は凡《すべ》て赤赭色《せきしゃしょく》、勇《ゆう》を鼓《こ》し挙《よじ》進めば本社に近く華表《とりい》あり、旅舎茶舗《やどやちゃみせ》は連檐《れんたん》に婢娘紅粉《ひじょうこうふん》を粧飾し、毎戸門《もん》に客を呼ぶ酒肴《しゅこう》は列《れい》の蕎麦《そば》饂飩《うどん》、

〔上田文齋　1890『内国旅行　日本名所図絵　山陰及山陽道之部』嵩山堂　44頁。なお、原文中のルビの一部を、筆者が書き改め・省略した〕

明治改元・東京遷都の約20年後に刊行された書物の中で、瑜伽の門前町はまだまだ江戸期と同様の賑わいを見せている。その典拠は不明だが、同書が旅行のガイドブックであるという性質上、明治20年頃の現状と著しく異なる姿を掲載しているとは考えにくい。

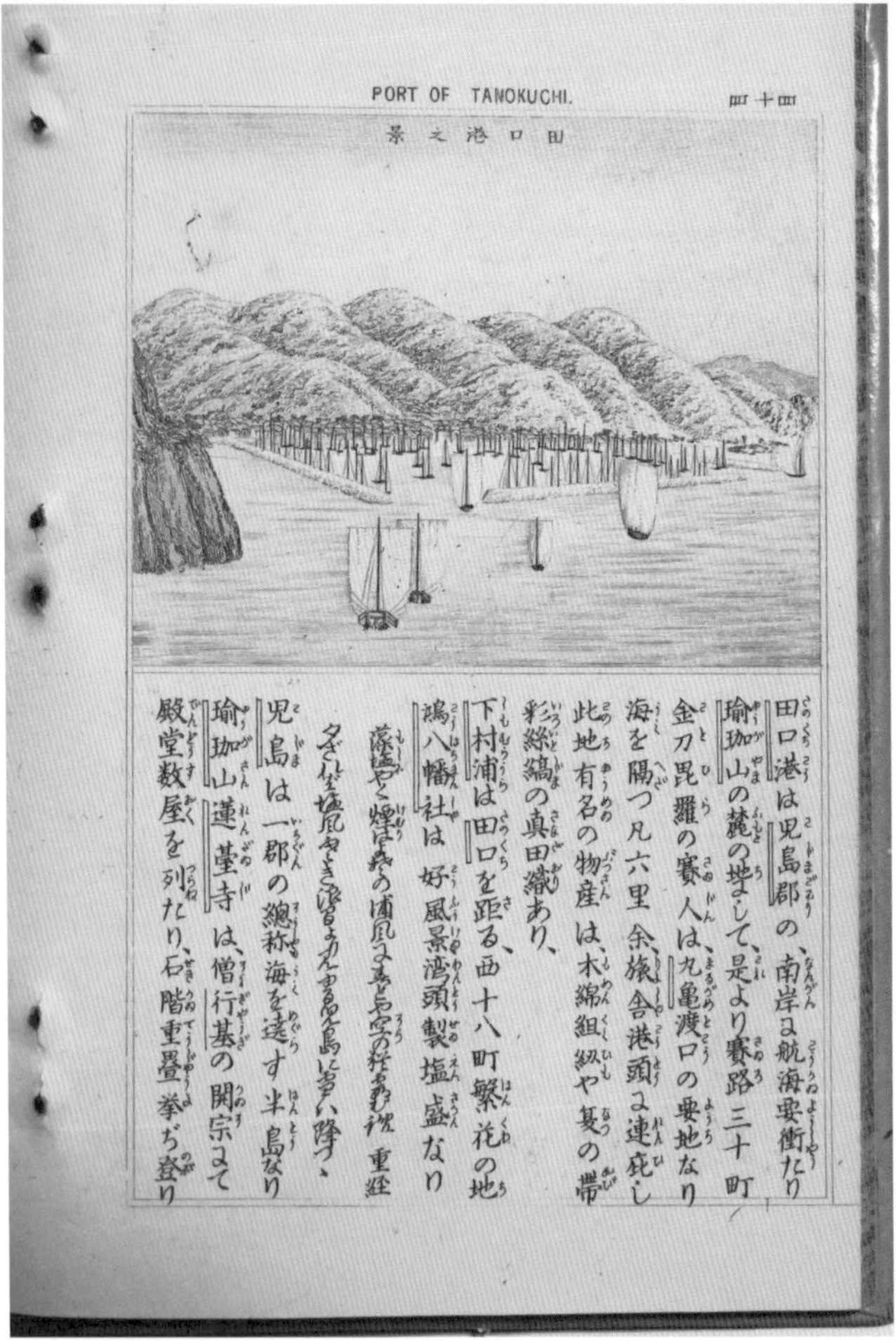

PORT OF TANOKUCHI.　　四十四

田口港之景

田口港《たのくちこう》は児島郡《こじまごおり》の、南岸《なんがん》ヌ航海要衝《こうかいようしやう》たり
瑜珈山《ゆうがやま》の麓《ふもと》の地《ち》よして、是《これ》より讃路《さぬろ》三十町
金刀毘羅《ことひら》の讃人《さぬじん》は、丸亀渡口《まるがめとこう》の要地《ようち》なり
海《うく》を隔《へだ》つ凡六里余、旅舎《りよーや》港頭《こうとう》ヌ連庇《れんひ》し
此地《このち》有名《ゆうめい》の物産《ぶつさん》は、木綿《もめん》組紐《くしひも》や夏《なつ》の帯《おび》
彩絲縞《いろいとじま》の真田織《さなだおり》あり、
下村浦《しもむうら》は田口《たのくち》を距《さ》る、西十八町繁花《はんくわ》の地《ち》
鴻八幡社《こうはちまんしや》は好風景《こうふうけい》湾頭《わんとう》製塩《せいえん》盛《さうん》なり
児島《こじま》は一郡《いちぐん》の總称《すうしやう》海《うく》を遶《めぐら》す半島《はんとう》なり
瑜珈山《ゆうがさん》蓮臺寺《れんだいじ》は、僧行基《すうぎやうぎ》の開宗《かいす》ヌて
殿堂《でんどう》数屋《すおく》を列《つらね》たり、石階《せき》重畳《ちようでうよ》挙ち登《のぼ》り

上田文齋『内国旅行 日本名所図絵 山陰及山陽道之部』
のうち「田口港之景」（吉原 睦所蔵）

山門《さんもん》ヲ際《さい》し茶亭《ちやこせ》あり、茲《こゝ》ヲ南方《なんぽう》眺《なが》むれば讃岐《さぬき》の翠巒島嶼《すゐらんとうよ》や、丸亀港《まるがめこう》を一眸《いちぼう》ヲして樹色《じゆしよく》靄々煙《けむり》を含《ふく》み、波濤《はとう》輝々《き、》日《ひ》ヲ映《えい》じ實《じつ》ヲ画中《ぐわちう》の如《ごと》くなり、

此山路《このさんろ》は凡《すべ》て赤赭色勇を鼓《こ》し挙進《よぢすゝ》めば本社《ほんしや》ヲ近《ちか》く華表《とりゐ》あり、旅舎《やどや》茶舗《ちやこせ》は連簷《れんさん》ヲ婢娘紅粉《ひぢやうこうふん》を粧飾《さうしよく》し、毎戸《まいこ》門《もん》ヲ客《きやく》を呼《よ》ぶ酒肴《しゆこう》は列《れつ》の蕎麦《そば》饂飩《うどん》、是《これ》より楼門内《ろうもんない》ヲ進《すゝ》み石階《せきかい》数級《すきう》を挙登《よぢのぼ》り、本殿《ほんでん》ヲ至《いた》る其構造《そのこうぞう》頗《すこぶ》る鉅麗《きよれい》を極《きわめ》たり、下向《げこう》下津井《しもつゐ》ヲ解纜《かいらん》し丸亀渡《まるがめと》舫順次《こうじゆんじ》たり、

棹歌驚断五更眠《トウカキヤウダンゴコウノネムリ》回望雲濤已渺然《クワイバウウントウスデニベウゼン》就裏孤嶋《シウリコトウ》飛滅処《ヒメツトコロ》遠山如在是郷天《エンザンアルガゴトシキヤウテンニ》

門谷朴齋

上田文齋『内国旅行 日本名所図絵 山陰及山陽道之部』のうち「瑜伽山之景」（吉原 睦所蔵）

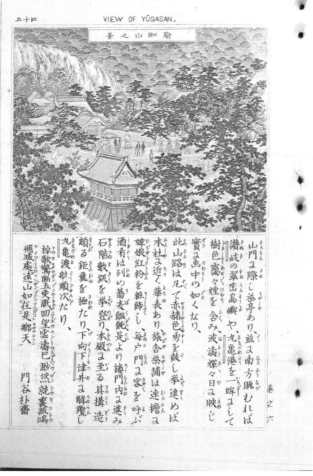

以上、瑜伽大権現の境内や由緒等の記述部分を割愛するかたちで、享和元年（1801）の実地見聞から明治23年（1890）発行の旅行ガイドブックまで、およそ1世紀にわたる瑜伽門前町と参詣道に関する描写を確認してきた。その結果、

（1）既に19世紀最初期には、瑜伽門前町は道の両側に飲食店や旅館が軒を連ねる繁華街になっていたこと

（2）飲食店や旅館の他に、真田紐・赤い幟・神狐図・御守箱・境内図などを商う店もあったこと

（3）飲食店などでは店先に女性が出て、騒がしいくらいに熱心に客引きをしていたこと

（4）彼女たちの方言と訛りが、遠国からの来訪者の旅情をさらにかき立てたこと

（5）山深い奥地の繁華街にあって、色香の優れた客引きが多い、と旅人に認識されたこと

（6）飲食店の中でも「西屋」は大手の代表格で、芸者の質も高ければ酒肴も美味しく、多くの旅人を殊の外満足させたであろうこと
（7）瑜伽山または門前町に至るまでの参詣道から南を見下ろすと、瀬戸内とその多島美、四国連山が目前に映え、備前の山々とともに絶景を醸し出し、来る人々を感嘆させせたこと
（8）これらの繁栄が、少なくとも明治中期頃まで続いていたこと
という門前町の様子や旅人たちが抱いた感想、また、
（9）瑜伽の南北を問わず、周辺地域では小倉織や真田紐の販売が盛んで、これらの名産地になっていたこと
（10）田の口や下村の港町は、瑜伽や金毘羅を詣る旅人でたいへんな賑わいをみせていたこと
などといった、瑜伽参詣に関わる周辺地域の様子についても、改めて確認することができた。

（1935 年、由加山保勝会事務所発行。吉原 睦所蔵）

『備前由加山登山案内』の一部

「瑜伽全景」絵葉書（戦前発行ヵ。吉原 睦所蔵）

昔の「由伽の街家」が見られる絵葉書（戦前発行ヵ。吉原 睦所蔵）

三　由加を彩る数々の文化財

〈執筆〉福本　明

①蓮台寺客殿（県指定重要文化財）

桁行八間、梁間五間、本瓦葺裳階付入母屋造りの堂々たる客殿で、岡山藩主の参詣時には、宿泊所にあてられた建物である。寛政から文化年間にかけての再建とされていたが、平成4年から6年にかけて行われた保存修理の際に、享和元年（1801）の棟札が発見され、建築の年代が明らかとなった。

内部は、6室からなり、上々段、上段の間などをもつ書院造となっている。孔雀の間や柳の間など、各部屋の襖や貼付壁には、花鳥図や山水図などの画題が、四条派の柴田義董などの手により描かれており、県内でも有数の障壁画群として知られている。

蓮台寺客殿

②蓮台寺多宝塔（県指定重要文化財）

県内最大規模の多宝塔である。寛文10年（１６７０）に暴風雨のため倒壊したのち、16年の歳月をかけ、天保14年（１８４３）に再建されたものである。

建物の下重は、方三間造で、柱は欅材の円柱を使っている。四面とも中備に十二支をかたどった蟇股を配し、柱間は中央間を両開桟敷唐戸として、脇間には連子窓を配している。上重は、下重の屋根の上に白い漆喰塗りの亀腹を設け、回り高欄を巡らせている。

屋根は宝形造の本瓦葺で、相輪をのせている。相輪には刻銘が残されており、文政11年（１８２８）の夏に作州津山の鋳物師百済市郎右衛門が、由加山で鋳造したことが記されている。

蓮台寺多宝塔

③由加神社本殿（県指定重要文化財）

巨石を背にして建つ華麗な建物である。本殿は桁行三間、梁間一間の三間社で、正面に三間の向拝が取り付き、背面を除く三間に擬宝珠高欄付きの縁がある。屋根は大正の改修時に銅板葺に改められているが、入母屋造の屋根2棟をひとつの屋根にまとめた比翼入母屋造といわれる形式で、妻入として比翼の破風の美しさを正面にみせている。

身舎は円柱を使い、正面には桟敷を入れ、両側面は板壁で金箔を貼っている。内部は内陣と外陣に分けられ、航海安全の神が祀られている。また、壁や柱などの細部に施された装飾彫刻や極彩色からは、創建当時の輝きとともに、江戸前期の様式を伺うことができる。

由加神社本殿

④蓮台寺梵鐘（県指定重要文化財）

高さ86・3センチ、口径41・2センチの鎌倉時代に造られた青銅製の和鐘である。池ノ間に刻銘があり、四天王寺三昧院領本庄観音寺の鐘として、弘安2年（1279）に造られたことがわかる。また、向かい側の池ノ間には追加の刻銘があり、それによると文和4年（1355）に備前国室山満願寺に移されたことが記されている。そののち、蓮台寺に伝えられたのは、天保年間の頃といわれている。

龍頭は背が高く上に宝珠をつけ、上帯下帯には文はなく、乳は4段4列が4ケ所に配されている。撞座は八葉蓮華文で龍頭の長軸延長上にあり、鐘身の下方に位置している。細身の龍頭や乳の形などは上品で、鋳上がりも優れた名品である。

蓮台寺梵鐘

⑤由加三十三観音霊場

「山村三十三所」とも呼ばれており、西国三十三所を由加の地に移した霊場である。一番札所は由加山の南東の谷間にあり、時計回りに由加山を通って山中に入り、喜仙道川沿いの山裾にある三十三番札所までを巡る。

観音像は石仏で、現在もすべての札所で大切に安置されている。大きさは、高さが40センチほどのものから185センチまでのものがあり、舟形光背をもった浮き彫りにつくられている。

境内地の東にある第十五番札所の十一面観音菩薩立像の台座に「安政四年」(1857)の銘が刻まれており、瑜伽参詣で賑わった幕末頃に開かれた霊場であることがわかる。

由加三十三観音霊場・第十五番札所の十一面観音菩薩立像

おわりに

かつて翻刻書『十返舎一九が記した岡山』（平成28年、日本文教出版）を上梓した筆者にとって、本書は〝由加〟つながりで姉妹編的な位置づけになっている。前書では一九を中心に据えたことで、瑜伽大権現の霊験あらたかさを素材に用いた仇討ち小説『男結花縁起』や、『続膝栗毛』や『金草鞋』等の旅行小説に登場する瑜伽やその門前町の記述・描写紹介にとどまった。そこで今回は、他の旅行者をできるだけ多く取り上げ、彼らの目に映った様相等の記録を通じて、一部に〝備前のモナコ〟などとも例えられた盛り場「近世瑜伽の門前町」について、改めてその実態を垣間見ようと試みた次第である。江戸時代における旅行の性質上、特に当地の場合は瑜伽大権現との結束を抜きにして語ることはできない。そのことが本書のタイトルに「信仰」の文字を含めた意図であり、かつ、瑜伽を目指して各地からやってきた多くの庶民が門前町で物見遊山に興じたであろう歴史・文化の表現でもある。

21世紀の現在でも、たとえば初詣の参拝者数ひとつをとっても明らかなように、宗教的聖地としての瑜伽の威厳は〝衰え知らず〟に思えてならない。他方、門前町はかつての繁華街から閑静な住宅地に姿を変え、その静寂さが山深さと相まって瑜伽の宗教的権威を一層際立たせているかのような一種の重厚感すら醸成している。現在の由加は、近世門前町の歓楽街としての「俗」の面影を記憶の根底に残しつつ、「聖」地としての可視的価値も獲得した、まさに〝無双〟状態なのである。これに古代以来の瑜伽の歴史・文化が加わるのであるから、〝静かな山奥で涼しい顔をして、実は（良い意味で）とんでもない個性の持ち主〟と言う他は無い。

そんな魅力溢れる由加を題材にして、非力な筆者が再び上梓できるよう常に支えてくださったのが、分野は違えど同学の福本明氏であった。日本文教出版株式会社の外山倫子氏・谷本亙氏・大森悠平氏にも随分と強引に首を縦に振らせたことであろう。資料を御提供くださった方々も含め、末筆ながら誠心誠意、感謝を申し上げたい。

令和5年9月吉日

吉原　睦

【参考文献】

一　聖地・瑜伽山

暁鐘成　1998『金毘羅参詣名所図会』臨川書店（版本地誌大系19）

宇垣武治　1936『児島めぐり』岡山旅行協会

倉敷市史研究会（編）・倉敷市（発行）

　1996a『新修倉敷市史　第一巻　考古』

　1996b『新修倉敷市史　第八巻　自然・風土・民俗』

倉敷の自然をまもる会（編）　1982『児島風土記』私家版

四国新聞社（編）　1980『讃岐人物風景<3>—孤峰と群雄』大和学芸図書

就実女子大学近世文書解読研究部　1993『備前記　全』私家版

私立児島郡教育会　1971『岡山県児島郡誌（復刻版）』

間壁忠彦・間壁葭子　1985『日本の古代遺跡　23　岡山』保育社

宮本常一　2006『日本の宿』八坂書房

二　町場の発展と庶民信仰

暁鐘成　1998『金毘羅参詣名所図会』臨川書店（版本地誌大系19）
阿久津満　1991『神路山詣道中記』随想舎
石川英輔　1994『泉光院江戸旅日記』講談社
内山正如（編）　1897『柳北全集』博文館
岡山県教育委員会（編集発行）　1993『岡山県歴史の道調査報告書　第六集　金毘羅往来と由加往来　倉敷往来　鴨方往来』
角田直一　1984『備中兵乱　常山合戦』山陽新聞社
金井好道（編）　1978『伊勢金比羅参宮日記』私家版
清河八郎　1993『西遊草』岩波書店（岩波文庫）
小林寛子　1994「『筑紫紀行』と『続膝栗毛』『金草鞋』」『古典研究』21
谷川健一（編）　1969『日本庶民生活史料集成　第二巻』三一書房
中山尚夫　2002『十返舎一九研究』おうふう
成島柳北ほか　1969『明治文学全集4　成島柳北　服部撫松　栗本鋤雲

集』筑摩書房
林美一（校訂）　１９８４『方言修行金草鞋　江戸見物（初編）』河出書房新社
原三正　１９９０『由加山』日本文教出版（岡山文庫１４４）
前野雅彦　２００６「両参りとしての瑜伽参詣」『岡山民俗』２２４
柳田国男校訂　１９７９『日本紀行文集成　第一巻』日本図書センター
山本繁子ほか（編）　２００６『追悼・山本慶一の軌跡』私家版
山本光正　１９８４「史料紹介『金毘羅参詣道中日記』」『国立歴史民俗博物館研究報告』４
吉原睦　２０１２「近世後期を中心とする瑜伽山門前町の様相について」『岡山民俗』２３３
吉原睦　２０１５「備前児島・瑜伽山界隈と十返舎一九との関係性について」『岡山民俗』２３６
脇田修　１９９５『平野屋武兵衛、幕末の大坂を走る』角川書店（角川選書）
脇田修ほか（編）　１９９４『幕末維新大阪町人記録』清文堂出版

著者略歴

福本　明（ふくもと　あきら）

1956 年 岡山市生まれ。
関西大学文学部史学科卒業。
考古学専攻。
岡山商科大学特任教授。
著書に『吉備の弥生大首長墓　楯築弥生墳丘墓』（新泉社、2007 年）など。

吉原　睦（よしはら　むつむ）

1969 年 東京都大田区生まれ。
成城大学大学院文学研究科日本常民文化専攻博士課程前期修了。
日本民俗学専攻。
岡山商科大学非常勤講師。
著書に『磯崎眠亀と錦莞莚』（日本文教出版、2008 年）など。

岡山文庫　332　由加の民間信仰

令和 5 （2023）年 10 月 29 日　初版発行

著　者　福本　明　吉原　睦
発行者　荒　木　裕　子
印刷所　研精堂印刷株式会社

発行所　岡山市北区伊島町一丁目 4−23　**日本文教出版株式会社**
電話岡山（086）252-3175（代）
振替 01210−5−4180（〒 700-0016）
http://www.n-bun.com/

ISBN978-4-8212-5332-6　

101. 岡山と朝鮮・西川　宏
102. 岡山の和紙・白井英治
103. 岡山の艶笑譚・立石憲利
104. 岡山の文学アルバム・山本遺太郎
105. 岡山の映画・松田完一
106. 岡山の石仏・巌津政右衛門
107. 岡山の橋・宗田克巳
108. 岡山のエスペラント・岡　一太
109. 岡山の狂歌・蓬郷　巌
110. 百間川・岡山の自然を守る会
111. 夢二のふるさと・真田芳夫 葛原茂樹
112. 岡山の梵鐘・川端定三郎
113. 岡山の演劇・山本遺太郎
114. 岡山話の散歩・岡　長平
115. 岡山地名考・宗田克巳
116. 岡山の戦災・野村増一
117. 岡山の町人・片山新助
118. 岡山の会陽・三浦　叶
119. 岡山の石・宗田克巳
120. 岡山の滝と渓谷・川端定三郎
121. 岡山の味風土記・岡　長平
122. 目でみる岡山の明治・巌津政右衛門
123. 岡山の散歩道 東西・佐藤米司
124. 目でみる岡山の大正・蓬郷　巌
125. 児島湾・同前峰雄
126. 岡山の庶民夜話・佐上静夫
127. 岡山の修験道の祭・川端定三郎
128. 目でみる岡山の昭和Ⅰ・蓬郷　巌
129. 岡山のふるさと雑話・佐上静夫
130. 岡山のことわざ・佐藤・次田 竹内・福尾
131. 目でみる岡山の昭和Ⅱ・蓬郷　巌
132. 瀬戸大橋・ＯＨＫ編
133. 岡山の路上観察・香川・河原
134. 岡山の相撲・二宮朔山
135. 岡山の古文献・中野美智子
136. 岡山の門・小出公大
137. 岡山の内田百閒・岡　将男
138. 岡山の彫像・蓬郷　巌
139. 岡山の名水・川端定三郎
140. 両備バス沿線・両備バス広報室
141. 岡山の明治の雑誌・片山・来田 菱川
142. 岡山の災害・蓬郷　巌
143. 岡山の看板・河原　馨
144. 由加山・原　三正
145. 岡山の祭祀遺跡・八木敏乗
146. 岡山の表町・岡山を語る会
147. 逸見東洋の世界・白井洋輔
148. 岡山ぶらり散策・河原　馨
149. 岡山名勝負物語・久保三千雄
150. 坪田譲治の世界・善太と三平の会
151. 備前の霊場めぐり・川端定三郎
152. 藤戸・原　三正
153. 矢掛の本陣と脇本陣・池田・柴口 武・中山・岡田
154. 岡山の図書館・黒崎義博
155. 岡山の戦国時代・松本幸子
156. 岡山の資料館・河原　馨
157. カブトガニ・惣路紀通
158. 正阿弥勝義の世界・白井洋輔
159. 木山捷平の世界・定金恒次
160. 岡山の備前ばらずし・窪田清一
161. 良寛さんと玉島・森脇正之
162. 備中の霊場めぐり・川端定三郎
163. 岡山の多層塔・小出公大
164. 六高ものがたり・小林宏行
165. 下電バス沿線・下電編集室
166. 岡山の博物館めぐり・川端定三郎
167. 岡山の民間療法（上）・鶴藤鹿忠 竹内平吉郎
168. 吉備高原都市・小出公大
169. 玉島風土記・木村岩治
170. 洋学者箕作阮甫とその一族・森脇正之
171. 夢二郷土美術館・松田基 楢原雄一
172. 岡山のダム・川端定三郎
173. 岡山の森林公園・河原　馨
174. 宇田川家のひとびと・水田楽男
175. 岡山の民間療法（下）・鶴藤鹿忠 竹内平吉郎
176. 岡山の温泉めぐり・川端定三郎
177. 阪谷朗廬の世界・山下五樹
178. 目玉の松ちゃん・尾上松之助 中村房吉
179. 吉備ものがたり（上）・市川俊介
180. 中鉄バス沿線・中鉄バス（株）企画部
181. 飛翔と回帰－国吉康雄の西洋と東洋－・小澤善雄
182. 岡山の智頭線・河原　馨
183. 出雲街道・片山　薫
184. 備中高松城の水攻め・市川俊介
185. 美作の霊場めぐり・川端定三郎
186. 吉備ものがたり（下）・市川俊介
187. 津山の散策にしひがし・黒田晋 竹内平吉郎
188. 倉敷福山と安養寺・前川　満
189. 鷲羽山・山本慶一 西田正憲
190. 和気清麻呂・仙田　実
191. 岡山たべもの歳時記・鶴藤鹿忠
192. 岡山の源平合戦談・市川俊介
193. 岡山の氏神様・二宮朔山
194. 岡山の乗り物・蓬郷　巌
195. 岡山・備前地域の寺・川端定三郎
196. 岡山ハイカラ建築の旅・河原　馨
197. 牛窓《うしまど》を歩く・前川　満
198. 岡山のレジャー地・倉敷ぶんか倶楽部
199. 斉藤真一の世界・斉藤裕重 イシイ省三
200. 巧匠 平櫛田中・原田純彦

201. 総社の散策・神野力・葛原克人・加藤信二
202. 岡山の路面電車・楢原雄一
203. 岡山ふだんの食事・鶴藤鹿忠
204. 岡山のふるさと市・倉敷ぶんか倶楽部
205. 岡山の流れ橋・渡邉隆男
206. 岡山の河川拓本散策・坂本亜紀児
207. 備前を歩く・前川満
208. 岡山言葉の地図・今石元久
209. 岡山の和菓子・太郎良裕子
210. 吉備真備の世界・中山薫
211. 柵原散策・片山薫
212. 岡山の岩石・野瀬重人・沼野忠之
213. 岡山の能・狂言・金関猛
214. 岡山の鏝絵・赤松壽郎
215. 山田方谷の世界・朝森要
216. 岡山おもしろウオッチング・おかやま路上観察学会
217. 岡山の通過儀礼・鶴藤鹿忠
218. 日生を歩く・前川満
219. 備北・美作地域の寺・川端定三郎
220. 岡山の親柱と高欄・渡邉隆男
221. 西東三鬼の世界・小見山輝
222. 岡山の花粉症・三好・難波・岡野・山本
223. 操山を歩く・谷淵陽一
224. おかやま山陽道の拓本散策・坂本亜紀児
225. 霊山熊山・仙田実
226. 岡山の正月儀礼・鶴藤鹿忠
227. 原子物理学の父 仁科芳雄・井上泉・イシイ省三
228. 赤松月船の世界・定金恒次
229. 邑久を歩く・前川満
230. 岡山の宝箱・臼井洋輔・臼井隆子
231. 平賀元義を歩く・渡部秀人・竹内佑宜
232. 岡山の中学校運動場・奥田澄二
233. おかやまの桃太郎・市川俊介
234. 岡山のイコン・植田心壮
235. 神島八十八ヶ所・坂本亜紀児
236. 倉敷ぶらり散策・倉敷ぶんか倶楽部
237. 作州津山 維新事情・竹内佑宜
238. 坂田一男と素描・妹尾克己・イシイ省三
239. 岡山の作物文化誌・臼井英治
240. 児島八十八ヶ所霊場巡り・倉敷ぶんか倶楽部
241. 岡山の花ごよみ・前川満
242. 英語の達人・本田増次郎・小原孝
243. 城下町勝山ぶらり散策・橋本惣司・倉敷ぶんか倶楽部
244. 高梁の散策・朝森要
245. 薄田泣菫の世界・黒田えみ
246. 岡山の動物昔話・立石憲利・江草昭治
247. 岡山の木造校舎・河原馨
248. 玉島界隈ぶらり散策・小野敏也・倉敷ぶんか倶楽部
249. 岡山の石橋・北脇義友
250. 哲西の先覚者・加藤章三
251. 作州画人伝・竹内佑宜
252. 笠岡諸島ぶらり散策・NPO法人かさおか島づくり海社
253. 磯崎眠亀と錦莞莚・吉原睦
254. 岡山の考現学・おかやま路上観察学会
255. 「備中吹屋」を歩く・前川満
256. 上道郡沖新田・安倉清博
257. 続・岡山の作物文化誌・臼井英治
258. 土光敏夫の世界・猪木正実
259. 吉備のたたら・岡山地名研究会
260. いろはで綴る ボクの子供事典・赤枝郁郎
261. 民話の里 鏡野町伝説紀行・立石憲利・片田知宏
262. 笠岡界隈ぶらり散策・ぶらり笠岡友の会
263. つやま自然のふしぎ館・森本信一
264. 岡山の山野草と野生ラン・小林克己
265. 文化探検 岡山の甲冑・臼井洋輔
266. ママカリ ヒラに まったりサーラ・窪田清一
267. 岡山の駅舎・河原馨
268. 守分 十の世界・猪木正実
269. 備中売薬・土岐隆信・木下浩
270. 倉敷市立美術館・倉敷市立美術館
271. 津田永忠の新田開発の心・柴田一
272. 岡山ぶらりスケッチ紀行・南一平・網本善光
273. 倉敷美観地区 歴史と民俗・吉原睦
274. 森田思軒の世界・倉敷ぶんか倶楽部
275. 三木行治の世界・猪木正実
276. 岡山路面電車各駅街歩き・倉敷ぶんか倶楽部
277. 赤磐きらり散策・高畑富子
278. 岡山民俗館 民具一〇〇選・岡山民俗学会
279. 笠岡市立竹喬美術館・笠岡市立竹喬美術館
280. 岡山の夏目金之助(漱石)・横山俊之・熊代正英
281. 吉備の中山を歩く・熊代哲士・熊代建治
282. 日本刀の王者 備前刀・佐藤寛介・植野哲也
283. 繊維王国おかやま今昔・猪木正実
284. 温羅伝説・中山薫
285. 現代の歌聖 清水比庵・笠岡市立竹喬美術館
286. 鴨方往来拓本散策・坂本亜紀児
287. 玉島旧柚木家ゆかりの人々・倉敷ぶんか倶楽部
288. カバヤ児童文庫の世界・岡長平
289. 野﨑邸と野﨑武左衛門・猪木正実
290. 岡山の妖怪事典 妖怪編・木下浩
291. 松村緑の世界・黒田えみ
292. 吉備線各駅ぶらり散策・倉敷ぶんか倶楽部
293. 「郷原漆器」復興の歩み・高山雅之
294. 作家たちの心のふるさと・加藤章三
295. 自画像の異彩画家 河原修平の世界・倉敷ぶんか倶楽部
296. 岡山の妖怪事典 鬼・天狗・河童編・木下浩
297. 歴史・伝承・文学・アート 岡山の魅力再発見・柳生尚志
298. 井原石造物歴史散策・大島千鶴
299. 岡山の銀行 合併・淘汰の150年・猪木正実
300. 吹屋ベンガラ・臼井洋輔